S   anks to

아무리 바쁘게 돌아가더라도
아무렇게나 빨리 만들 수는 없습니다.

길벗은 독자 여러분이
가장 쉽게, 가장 빨리 배울 수 있는 책을
한 권 한 권 정성을 다해 만들겠습니다.

독자의 1초를 아껴주는 정성을 만나보세요.

미리 책을 읽고 따라해 본 2만 베타테스터 여러분과
무따기 체험단, 길벗스쿨 엄마 2% 기획단,
시나공 평가단, 토일 배특 대학생 기자단까지
믿을 수 있는 책을 함께 만들어주신 독자 여러분께 감사드립니다.

윈도우11
무작정 따라하기

── 에센셜북 ──

WINDOWS 11

ESSENTIAL BOOK

고경희 지음

길벗

윈도우 11 무작정 따라하기 에센셜북

The Cakewalk Series - Windows 11 Essentialbook

초판 발행 · 2023년 1월 10일

지은이 · 고경희
발행인 · 이종원
발행처 · (주)도서출판 길벗
출판사 등록일 · 1990년 12월 24일
주소 · 서울시 마포구 월드컵로 10길 56(서교동)
대표 전화 · 02)332-0931 | **팩스** · 02)322-0586
홈페이지 · www.gilbut.co.kr | **이메일** · gilbut@gilbut.co.kr

기획 및 책임 편집 · 최동원(cdw8282@gilbut.co.kr) | **디자인** · 박상희 | **제작** · 이준호, 손일순, 이진혁
영업마케팅 · 전선하, 차명환, 박민영 | **영업관리** · 김명자 | **독자지원** · 윤정아, 최희창

편집진행 · 김미현 | **전산편집** · 권경희 | **CTP 출력 및 인쇄** · 대원문화사 | **제본** · 경문제책

ISBN 979-11-407-0296-1 03000
(길벗 도서번호 007157)

정가 22,000원

이 책은 2022년 9월에 발표된 'Windows 11 2012 Update(Windows 11 22H2)'를 기준으로 하고 있습니다.
Windows의 정기적인 업데이트로 일부 메뉴와 화면 구성이 다를 수 있지만 책의 내용을 따라하는데 큰 문제가 없습니다.

독자의 1초까지 아껴주는 정성 길벗출판사

(주)도서출판 길벗 · IT교육서, IT단행본, 경제경영서, 어학&실용서, 인문교양서, 자녀교육서 ▸ www.gilbut.co.kr
길벗스쿨 · 국어학습, 수학학습, 어린이교양, 주니어 어학학습, 학습단행본 ▸ www.gilbutschool.co.kr

페이스북 · www.facebook.com/gilbutzigy
네이버 포스트 · post.naver.com/gilbutzigy

머리말

윈도우 10이 윈도우의 마지막이 될 것이라는 약속을 깨고, 윈도우 11이 출시되어 많은 사용자들을 놀라게 했습니다. 윈도우 10에 비해 겉모습만 바뀐 것이 아니냐는 질타를 받기도 하지만, 실제로 윈도우 11을 사용해 보면 윈도우 10보다 편리해진 것을 느낄 수 있습니다.

윈도우 11 설치가 가능한 시스템인지 확인하세요
오래 전에 구입한 컴퓨터라면 윈도우 11을 설치하지 못할 수도 있습니다. 윈도우 10의 'Windows 업데이트' 설정을 열어보면 윈도우 11을 설치할 수 있는지 여부를 알 수 있죠. 윈도우 11 설치가 가능하다면 바로 설치하기를 권장합니다.

윈도우 11의 핵심 기능들만 담았습니다
윈도우 11을 설치했지만 아직도 기존의 기능만 사용하고 있나요? 이 책에서는 윈도우 11에서 달라지거나 새로 추가된 기능 중심으로 설명합니다. 윈도우 11을 제대로 사용하고 있는지 의심이 간다면 이 책에서 소개하는 기능을 하나씩 살펴보시기 바랍니다.

윈도우 11의 최강 앱을 소개합니다
윈도우 11은 '사진'이나 '미디어 플레이어' 같은 앱들을 다듬어서 사용이 편리하도록 만들었습니다. '시계' 앱의 '집중 세션'을 사용하면 뽀모도로같은 시간 관리를 윈도우에서 사용해볼 수 있죠. 특히 'Microsoft To Do' 앱을 사용한 할 일 관리나 '휴대폰 연결' 앱을 사용하여 안드로이드 폰과 연결해서 사용하는 기능은 윈도우를 더욱 값지게 만들어 줍니다.

가장 최신의 윈도우 11을 설명합니다
윈도우는 오류 수정이나 보안 기능을 추가해야 할 경우 자동으로 업데이트를 실행해서 필요한 기능을 추가합니다. 그리고 1년에 1회 정기적인 기능 업데이트를 통해 기존 앱의 기능을 확장하기도 하고 새로운 앱을 추가하기도 하죠. 이 책은 2022년 9월 말에 발표된 'Windows 11 2012 Update(Windows 11 22H2)'를 기준으로 설명하고 있습니다. 윈도우 업데이트 기능을 통해 계속 새로운 윈도우 기능을 사용해 보세요.

'윈도우 XP 무작정 따라하기'부터 '윈도우 10 무작정 따라하기', '윈도우 11 무작정 따라하기'까지 관심을 가져주신 많은 독자에게 윈도우 11의 최신 기능을 빠르게 전해드리기 위해 저를 비롯해 길벗출판사 편집팀과 부지런히 준비했습니다. 이 책이 나오는 동안 많은 애를 쓰신 길벗출판사의 최동원님과 김미현 편집자님께 감사를 전합니다.

고경희 (funcom@gmail.com)

고농축 **중요한 기능만 모았습니다. 이제 당신의 윈도우가 달라집니다.**

─── 윈도우의 주요 기능을 섹션 단위로 구분했습니다.

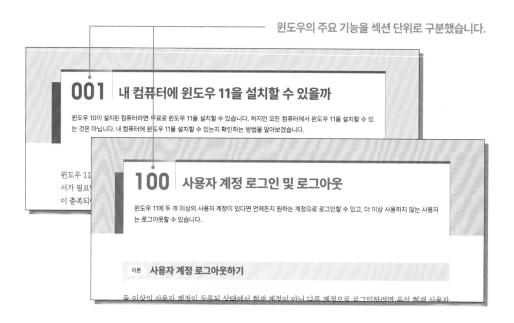

001 | 내 컴퓨터에 윈도우 11을 설치할 수 있을까

윈도우 10이 설치된 컴퓨터라면 무료로 윈도우 11을 설치할 수 있습니다. 하지만 모든 컴퓨터에서 윈도우 11을 설치할 수 있는 것은 아닙니다. 내 컴퓨터에 윈도우 11을 설치할 수 있는지 확인하는 방법을 알아보겠습니다.

윈도우 11
서가 필요한
이 충족되어

100 | 사용자 계정 로그인 및 로그아웃

윈도우 11에 두 개 이상의 사용자 계정이 있다면 언제든지 원하는 계정으로 로그인할 수 있고, 더 이상 사용하지 않는 사용자는 로그아웃할 수 있습니다.

이론 **사용자 계정 로그아웃하기**

두 이상이 사용자 계정이 등록된 상태에서 현재 계정이 아닌 다른 계정으로 로그인하려면 우선 현재 사용자

─── 이론+실습으로 본문을 구성하여 기존의 유용한 기능은 제대로 이해하고
새로운 기능은 빠르게 활용할 수 있어요.

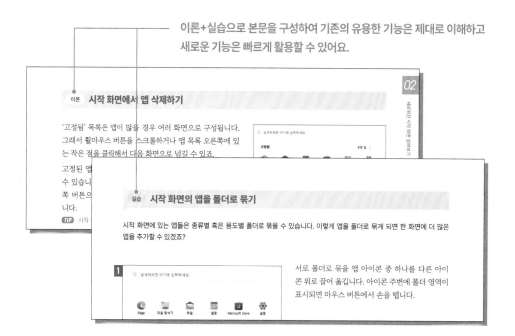

이론 **시작 화면에서 앱 삭제하기**

'고정됨' 목록은 앱이 많을 경우 여러 화면으로 구성됩니다.
그래서 휠마우스 버튼을 스크롤하거나 앱 목록 오른쪽에 있
는 작은 점을 클릭해서 다음 화면으로 넘길 수 있죠.

고정된 앱
수 있습니
쪽 버튼의
니다.

TIP 시작

실습 **시작 화면의 앱을 폴더로 묶기**

시작 화면에 있는 앱들은 종류별 혹은 용도별 폴더로 묶을 수 있습니다. 이렇게 앱을 폴더로 묶게 되면 한 화면에 더 많은
앱을 추가할 수 있겠죠?

서로 폴더로 묶을 앱 아이콘 중 하나를 다른 아이
콘 위로 끌어 옮깁니다. 아이콘 주변에 폴더 영역이
표시되면 마우스 버튼에서 손을 뗍니다.

새로운 기능만 압축했습니다. 헤매지 말고 빠르게 적응하세요.

중요
잘 알려지지 않은, 알아 두면 편리한, 생산성을 높이는 기능!

검색 탭
원하는 내용을 찾아볼 수 있도록 검색 탭을 제공합니다. 궁금한 내용만 빠르게 찾아보세요.

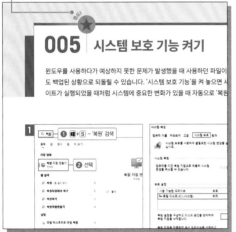

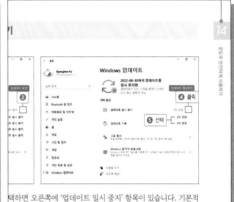

팁
놓치고 지나칠 수 있는 중요한 내용은 팁으로 정리했습니다.

내 컴퓨터가 윈도우 11을 설치할 수 있는지 확인하려면 [설정]-[업데이트 및 보안]을 선택합니다. 윈도우 11을 설치할 수 없는 컴퓨터라면, 업데이트 화면을 아래로 내렸을 때 시스템 요구 사항을 충족하지 않았다는 메시지가 표시됩니다. 이 경우에는 최신 컴퓨터를 구매한 다음에 윈도우 11을 설치할 수 있습니다.

TIP 아직 업데이트하지 않은 항목이 있다면 업데이트를 진행하세요.

잠깐만요
알아 두면 유용한 내용은 잠깐만요로 구성했어요.

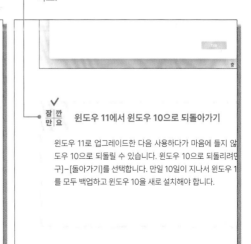

✓
잠깐만요 **윈도우 11에서 윈도우 10으로 되돌아가기**

윈도우 11로 업그레이드한 다음 사용하다가 마음에 들지 않도우 10으로 되돌릴 수 있습니다. 윈도우 10으로 되돌리려면구]-[돌아가기]를 선택합니다. 만일 10일이 지나서 윈도우 1를 모두 백업하고 윈도우 10을 새로 설치해야 합니다.

목차

1 윈도우 11 시작하기

첫 째 마 당

1장 윈도우 11로 업그레이드하기

001	내 컴퓨터에 윈도우 11을 설치할 수 있을까	015
002	윈도우 10에서 윈도우 11로 업그레이드하기	016
003	윈도우 11 설치 미디어 만들기	017
004	윈도우 11, 이렇게 달라졌어요	020
005	★ 시스템 보호 기능 켜기	025

2장 새로워진 시작 화면 살펴보기

006	빠른 링크 열기	027
007	시작 화면 살펴보기	028
008	시작 화면에서 앱 관리하기	029
009	시작 화면 왼쪽으로 옮기기	031
010	위젯 보드 사용하기	032
011	위젯 보드의 뉴스피드 자신에 맞게 설정하기	035
012	위젯 보드를 여는 날씨 정보 아이콘 숨기기	037
013	작업 표시줄 살펴보기	038
014	작업 표시줄에 앱 고정하기	039
015	작업 표시줄의 기본 앱 감추기	041
016	작업 표시줄 시스템 아이콘을 감추거나 표시하기	042
017	★ 빠른 설정 사용하기	043

3장 나에게 딱 맞는 윈도우 만들기

| 018 | 윈도우의 설정은 '설정' 앱에서 | 045 |
| 019 | 윈도우 테마 사용하기 | 046 |

2 업무의 달인으로 만들어 주는 윈도우 11 둘째 마당

9장   **최상의 플래너, To Do 앱으로 할 일 관리하기**

3   **윈도우 아낌없이 활용하기**   셋 째 마 당

10장   **윈도우에서 멀티미디어 즐기기**

11장   **놓치기 아까운 기본 앱**

12장   윈도우 11로 다시 돌아온 파워토이

4   안전한 시스템 만들기

넷 째 마 당

13장   사용자 계정 관리하기

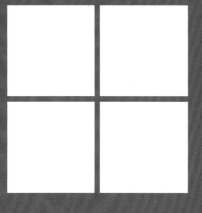

WINDOWS
11

윈도우 11 시작하기

윈도우 11은 윈도우 10에 비해 화면에 보이는 것들이 많이 바뀌었습니다. 가장 먼저 시작 화면의 위치가 옮겨졌고 아이콘들도 달라졌죠. 위젯이라는 새로운 요소가 추가되고 자주 사용하는 탐색기의 모습도 달라졌습니다. 윈도우 11이 윈도우 10과 어떻게 달라졌는지 살펴보고, 우리가 가장 많이 사용하는 시작 화면에서부터 탐색기에 이르기까지 바뀐 사용법을 알아보겠습니다.

01장

윈도우 11로 업그레이드하기

윈도우 11은 가장 최신의 윈도우 버전입니다. 이미 공식적으로 발표된 버전이기 때문에 최신 컴퓨터에는 윈도우 11을 설치해서 판매합니다. 하지만, 이미 윈도우 10을 사용 중인 컴퓨터라면 설치 가능 여부를 확인한 다음 윈도우 11로 업그레이드할 수 있습니다.

001 | 내 컴퓨터에 윈도우 11을 설치할 수 있을까

윈도우 10이 설치된 컴퓨터라면 무료로 윈도우 11을 설치할 수 있습니다. 하지만 모든 컴퓨터에서 윈도우 11을 설치할 수 있는 것은 아닙니다. 내 컴퓨터에 윈도우 11을 설치할 수 있는지 확인하는 방법을 알아보겠습니다.

윈도우 11을 설치하기 위해서는 Intel Core 8세대 이상의 프로세서나 AMD Ryzen 2000 이상의 프로세서가 필요합니다. 그리고 대부분의 최신 PC에서 사용할 수 있는 TPM 2.0도 필요하죠. 이 두 가지 요구 조건이 충족되어야 윈도우 11을 설치할 수 있습니다.

내 컴퓨터가 윈도우 11을 설치할 수 있는지 확인하려면 [설정]-[업데이트 및 보안]을 선택합니다. 윈도우 11을 설치할 수 없는 컴퓨터라면, 업데이트 화면을 아래로 내렸을 때 시스템 요구 사항을 충족하지 않았다는 메시지가 표시됩니다. 이 경우에는 최신 컴퓨터를 구매한 다음에 윈도우 11을 설치할 수 있습니다.

TIP 아직 업데이트하지 않은 항목이 있다면 업데이트를 진행하세요.

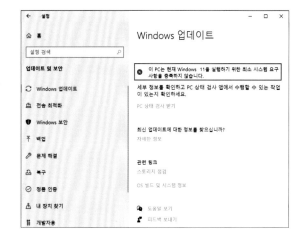

윈도우 11을 설치할 수 있는 컴퓨터라면 윈도우 11을 설치할 수 있는 준비가 끝났다는 메시지가 표시됩니다. 지금 당장 업데이트하려면 [다운로드 및 설치]를 클릭하고, 윈도우 10을 계속 사용하겠다면 '지금은 Windows 10 유지'를 클릭합니다.

TIP https://www.microsoft.com/ko-kr/windows/windows-11로 접속한 다음 맨 아래 페이지에 있는 [PC 상태 검사 앱 다운로드]를 클릭하여 앱을 설치해서 검사할 수도 있습니다.

002 윈도우 10에서 윈도우 11로 업그레이드하기

윈도우 10을 사용하던 컴퓨터에서 윈도우 11로 업그레이드하는 것은 간단합니다. 특히 사용하던 파일과 사용자 설정을 그대로 유지할 수 있어서 편리하죠. 윈도우 11을 설치할 수 있는 컴퓨터라면 윈도우 10에서 윈도우 11로 업그레이드하세요.

윈도우 11을 설치할 수 있는 컴퓨터라면 윈도우 업데이트에서 윈도우 11로 업그레이드할 수 있습니다.

윈도우 10의 시작메뉴(■)를 마우스 오른쪽 버튼으로 클릭한 다음 [설정]-[Windows 업데이트]를 선택합니다.

윈도우 10의 업데이트 화면에서 [다운로드 및 설치]를 클릭하면 자동으로 필요한 파일을 다운로드합니다. 다운로드가 끝나면 설치를 위해 [지금 다시 시작]을 클릭합니다.

TIP ■+Ⅰ를 누른 다음 [Windows 업데이트]를 선택해도 됩니다.

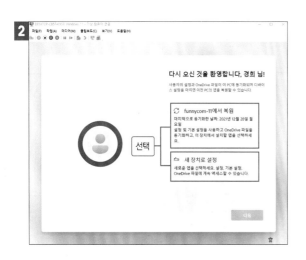

화면에서 지시하는 대로 따라가면 설치는 간단합니다. 설치가 끝나면 두 가지 선택 항목이 표시되는데 자신에게 맞는 것을 선택하면 됩니다.

- **###에서 복원**: 여기에서 ###는 자신의 컴퓨터 이름입니다. 이 항목을 선택하면 윈도우 10에서 사용하던 앱이나 설정을 그대로 사용합니다.
- **새 장치로 설정**: 윈도우 10에서 사용하던 앱과 설정을 삭제하고 아무것도 없는 윈도우 11 환경에서 시작합니다.

✓ 잠깐만요 윈도우 11에서 윈도우 10으로 되돌아가기

윈도우 11로 업그레이드한 다음 사용하다가 마음에 들지 않는다면 10일 이내에 윈도우 10으로 되돌릴 수 있습니다. 윈도우 10으로 되돌리려면 [설정]-[시스템]-[복구]-[돌아가기]를 선택합니다. 만일 10일이 지나서 윈도우 10으로 돌아가려면 자료를 모두 백업하고 윈도우 10을 새로 설치해야 합니다.

003 | 윈도우 11 설치 미디어 만들기

윈도우 10을 사용하던 컴퓨터에서 '업데이트' 설정을 통해 윈도우 11로 업그레이드하는 것이 가장 간단한 방법이지만, 윈도우 11 설치 파일을 따로 구해서 다른 컴퓨터에 설치할 수도 있습니다. 이 경우 인터넷에서 미디어 생성 도구를 다운로드한 다음, USB에 윈도우 11 설치 파일을 저장하면 됩니다. 윈도우가 설치되어 있지 않은 컴퓨터에서 이렇게 만든 USB를 사용하여 부팅하면서 윈도우 11을 설치할 수 있습니다.

윈도우 11 설치 파일을 저장한 USB를 설치 미디어로 사용하려면 용량이 8GB 이상이어야 합니다. 그리고 설치 미디어로 사용하면 USB 안의 내용이 삭제되므로 중요한 내용이 있는지 꼭 확인하세요.

■■ https://www.microsoft.com/ko-kr/software-download/windows11로 접속한 다음 'Windows 11 설치 미디어 만들기' 항목에 있는 [지금 다운로드]를 클릭합니다.

■■ '다운로드' 폴더에 MediaCreationToolW11이라는 파일이 다운로드 됩니다. 이 파일을 더블클릭합니다.

> **TIP** 사용자 계정 컨트롤 창이 표시되면 [예]를 클릭합니다.

사용 계약서에 [동의]한 다음 화면에서 표시되는 내용을 확인하면서 진행합니다.

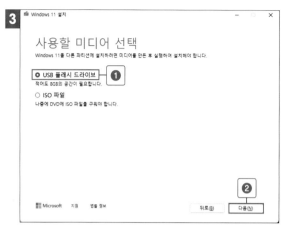
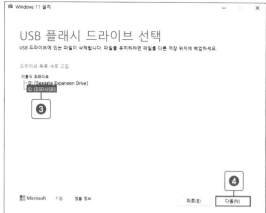

사용할 미디어로 [USB 플래시 드라이브]를 선택한 다음 설치 미디어로 사용할 USB를 선택하고 [다음]을 클릭합니다.

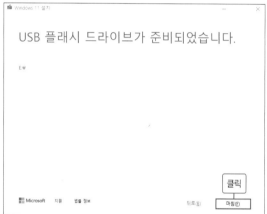

윈도우 11 설치 파일이 다운로드되기 시작합니다. 설치 파일을 다운로드하는 과정부터는 다른 작업을 해도 됩니다. 설치 미디어 만들기가 끝나면 [마침]을 눌러 과정을 종료합니다. 이제 윈도우 11 설치 미디어만 있다면 윈도우가 없는 시스템에서 설치 미디어로 부팅하여 윈도우 11을 설치할 수 있습니다.

잠깐 만요 **최신 컴퓨터인데도 윈도우 11을 설치할 수 없다고 한다면?**

윈도우 11의 설치 조건 중 하나가 TPM 2.0을 지원하는 것입니다. TPM 2.0은 하드웨어를 보호하기 위한 보안 암호화 버전입니다. 윈도우 11에서는 TPM 2.0을 사용할 수 있어야 하는데, 간혹 최신 시스템이면서 TPM 2.0이 비활성화되어 윈도우 11을 설치할 수 없다고 메시지를 표시하는 경우가 있습니다. 이 때는 TPM 2.0을 활성화화면 됩니다.

컴퓨터를 껐다가 다시 켜지는 동안 [Del]을 여러 번 눌러서 CMOS 셋업 화면을 엽니다. 사용하는 보드에 따라 표시되는 설정 화면은 모두 다르지만, 대부분 [Settings] 범주의 [Security] 혹은 [보안] 관련 설정을 찾아보면, TPM 항목이 있습니다. 이 항목을 'Enable'이나 'PTT'로 설정하면 TPM을 활성화할 수 있습니다.

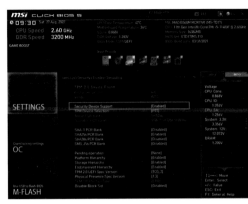

| CMOS 셋업 화면

CMOS 셋업 화면은 사용자의 컴퓨터에 따라 다를 수 있지만 권한 설정 경로는 크게 다르지 않습니다. TPM 권한 설정 변경에 대한 더 자세한 사항은 사용하는 컴퓨터의 메인보드 제조사 홈페이지를 참고하세요.

004 | 윈도우 11, 이렇게 달라졌어요

윈도우 11을 설치하면 기존의 윈도우 10과 비슷한 듯하면서도 여기저기 새로운 기능이 숨어 있습니다. 윈도우 11에서 달라진 주요 기능을 살펴보겠습니다.

이론 화면 중앙에 배치된 시작 화면

윈도우 10까지 계속 화면 왼쪽에 표시되던 시작 화면이 윈도우 11에서는 화면 중앙으로 옮겨졌습니다. 윈도우의 시작 화면은 앱 목록을 나열하는 곳일 뿐 아니라 윈도우의 모든 기능에 접근하기 위한 출발점입니다.

화면 아래쪽에 있는 🔲을 클릭하면 언제든지 시작 화면을 열 수 있습니다.

이론 위젯 보드

윈도우 11의 작업 표시줄 왼쪽에는 사용자 지역의 날씨가 아이콘 형태로 표시되는데, 날씨 정보 아이콘 위로 마우스 커서를 올려 놓으면 화면 왼쪽에 위젯 보드가 열립니다.

TIP 🔲+W를 눌러서 위젯 보드를 열 수도 있습니다.

위젯 보드에는 기본적으로 날씨와 주식 정보, 원드라이브에 있는 사진, 뉴스가 위젯 형태로 표시되는데 필요한 것을 추가하거나 불필요한 것을 삭제할 수 있습니다.

TIP 위젯이란 자주 사용하는 앱이나 서비스의 실시간 정보를 한눈에 확인할 수 있도록 표시하는 작은 카드를 가리킵니다.

와이드 모니터를 사용하고 있거나 한 번에 여러 개의 앱을 보면서 사용하고 싶다면 앱 창을 일일이 마우스로 끌어 옮겨서 배치해야 합니다. 하지만 윈도우 11에는 끌기 레이아웃이라는 기능이 추가되어 여러 개의 앱 창도 손쉽게 한 화면에 표시할 수 있습니다.

끌기 레이아웃을 표시하려면 앱 창을 화면의 위쪽으로 드래그해 보세요. 화면 위쪽에 작은 회색 영역이 생기는데 그 위로 앱 창을 가져가면 레이아웃 창이 표시됩니다. 드래그하지 않고 ⊞+Z를 눌러도 됩니다.

레이아웃에서 현재 창의 위치를 지정한 다음 나머지 창들도 배치할 수 있습니다. 모니터 화면이 작을 경우에는 4개까지 배치할 수 있고, 화면이 크다면 6개까지 배치할 수 있습니다.

| 4개까지 배치 가능

| 6개까지 배치 기능

✓
잠깐
만요 **창 끌기가 안 돼요.**

앱 창을 위로 끌어 올렸을 때 끌기 레이아웃이 나타나지 않는다면, [설정]-[시스템]-[멀티태스킹]을 선택한 다음 맨 위에 있는 '창 끌기'를 '켬'으로 바꿔 주세요.

탐색기 화면의 변화

윈도우 탐색기 화면에도 여러 가지 변화가 있는데, 홈과 원드라이브를 다른 폴더와 구별해 놓은 것이 가장
먼저 눈에 띕니다. 홈 화면에는 즐겨찾기 항목과 가장 최근에 살펴봤던 문서들이 표시됩니다. 또한 현재 사
용자 계정에 연결된 원드라이브도 탐색 창 위쪽에 있죠. 그동안 '복사'나 '붙이기', '삭제' 등 텍스트로 표시되
었던 기능은 모두 아이콘으로 바뀌었습니다.

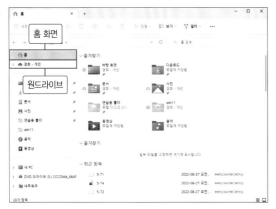

할 일 관리는 To Do 앱으로

윈도우 11에 새로 포함된 Microsoft To Do 앱은 모든 디지털 기기에서 완벽하게 호환되는 할 일 관리 앱입
니다. 개인적인 할 일 관리뿐만 아니라 협업을 위한 도구로도 뛰어난 기능을 가지고 있죠. 안드로이드 운영
체제를 사용하는 휴대폰뿐만 아니라 iOS 운영체제를 사용하는 아이폰에서도 To Do 앱을 설치하여 연동해
서 사용할 수 있습니다.

목록별로 작업을 관리할 수도 있고, 작업 단계나 작업 기한을 정할 수도 있습니다.

To Do 앱

이론   여러 사진을 비교해서 볼 수 있는 사진 뷰어

윈도우 11 사진 뷰어에는 '썸네일 막대'가 추가되어 편리하게 활용할 수 있습니다. 사진 화면을 클릭하면 감춰져 있던 썸네일 막대가 화면 아래쪽에 표시되는데, 썸네일 막대에서 사진을 선택하면 즉시 해당 사진을 보여줍니다. 특히 비교해 보고 싶은 사진을 여러 개 선택해서 한눈에 살펴보는 기능은 아주 편리합니다.

이론   안드로이드폰 원격 제어하기

윈도우 11의 '휴대폰 연결' 앱을 사용하면 사용 중인 안드로이드폰을 윈도우와 연결해서 사용할 수 있습니다.

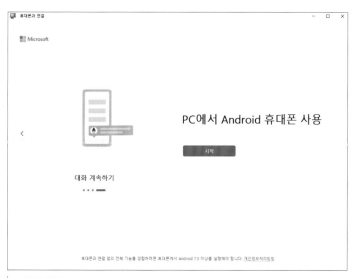

휴대폰 연결 앱

윈도우에서 휴대폰 화면을 원격 제어할 수도 있고, 휴대폰으로 찍은 사진을 가져올 수도 있습니다.

휴대폰 화면 원격 제어

휴대폰 사진 가져오기

005 | 시스템 보호 기능 켜기

윈도우를 사용하다가 예상하지 못한 문제가 발생했을 때 사용하던 파일이나 시스템 환경이 백업되어 있다면 최악의 경우에도 백업된 상황으로 되돌릴 수 있습니다. '시스템 보호 기능'을 켜 놓으면 새로운 앱이나 하드웨어가 추가되거나 윈도우 업데이트가 실행되었을 때처럼 시스템에 중요한 변화가 있을 때 자동으로 '복원 지점'이 생성됩니다.

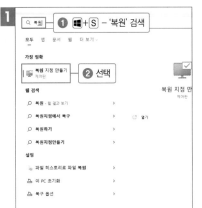
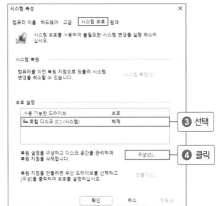

■■ ⊞+Ⓢ를 누른 다음 '복원'으로 검색해서 [복원 지점 만들기]를 선택합니다.

■■ '시스템 속성' 창의 [시스템 보호] 탭의 '보호 설정' 항목에서 현재 연결된 하드 디스크에 '해제'라고 되어 있다면 시스템 보호 기능을 사용하고 있지 않은 것입니다. 시스템 보호 기능을 사용할 디스크를 선택하고 [구성]을 클릭합니다.

> TIP 시스템 보호 기능을 켠 다음에 만들어지는 복원 지점을 사용해서만 복구할 수 있습니다.

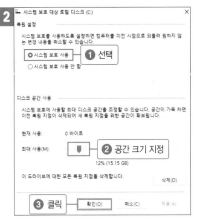

■■ 대화상자가 표시되면 '복원 설정'에서 [시스템 보호 사용]을 선택하고 아래의 '디스크 공간 사용'에서 슬라이드 막대를 움직여 복원 지점이 저장될 공간 크기를 지정한 다음 [확인]을 클릭합니다.

■■ 하드 디스크에 시스템 보호 기능이 켜지면 '보호 설정' 항목에 '설정'이라고 표시됩니다. [확인]을 클릭해서 설정 창을 닫습니다. 이제부터 시스템에 변화가 생기면 자동으로 복원 지점이 만들어지고, 문제가 생겼을 경우에는 복원 지점을 사용해 복원할 수 있습니다.

02장

새로워진 시작 화면 살펴보기

윈도우 11로 성공적으로 업그레이드했다면 이제부터 달라진 윈도우 11을 살펴보 겠습니다. 가장 많은 변화가 있는 시작 화면부터 살펴볼까요?

006 | 빠른 링크 열기

윈도우 작업 표시줄에 있는 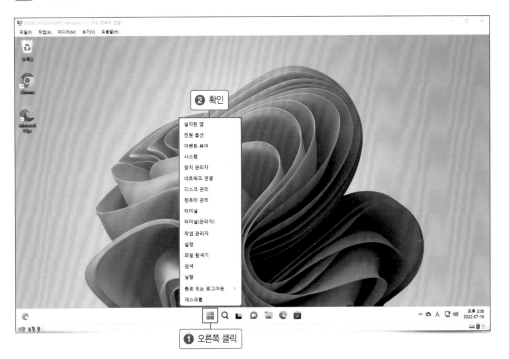 아이콘은 시작 화면을 열 때 뿐만 아니라, 자주 사용하는 윈도우 기능을 열 때도 사용할 수 있습니다. 윈도우를 종료할 때도 빠른 링크를 사용하면 편리하죠.

작업 표시줄에 있는 윈도우 아이콘(⊞)을 마우스 오른쪽 버튼으로 클릭하거나 ⊞+X를 누르면 윈도우의 빠른 링크가 나타납니다.

윈도우의 빠른 링크는 윈도우에서 자주 사용하는 설정이나 시스템 항목들을 한눈에 정리해 둔 것입니다. 윈도우에서 필요로 하는 기능들에 빠르게 접근할 수 있어서 유용하게 사용됩니다.

TIP 여기에 있는 각 항목들은 이 책에서 다루고 있으므로 해당 쪽을 참고하세요.

007 | 시작 화면 살펴보기

윈도우 10까지 계속 화면 왼쪽에 표시되던 시작 화면이 윈도우 11에 와서는 화면 가운데로 옮겨졌습니다. 윈도우의 시작 화면은 앱 목록을 나열하는 곳일 뿐 아니라 윈도우의 모든 기능에 접근하기 위한 출발점입니다.

화면 아래쪽에 있는 ▦을 클릭하면 언제든지 시작 화면을 열 수 있습니다.

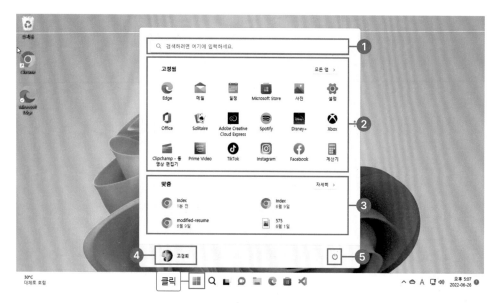

❶ **검색**: 검색어를 입력하여 앱을 검색해서 실행하거나 저장된 파일을 검색합니다. 063쪽에서 자세히 설명합니다.

❷ **고정됨**: 시작 화면에 항상 표시되는 앱이 나타납니다. 앱 아이콘을 클릭한 상태로 드래그하면 원하는 위치로 옮길 수 있습니다. 원하는 앱을 추가하거나 더 이상 필요하지 않은 앱은 제거할 수 있습니다. [모든 앱]을 클릭하면 시스템에서 설치된 모든 앱들이 알파벳이나 가나다순으로 표시됩니다.

❸ **맞춤**: 최근에 사용한 파일이 표시됩니다.

❹ **사용자 계정**: 현재 로그인 중인 사용자의 프로필 사진과 이름이 표시됩니다.

❺ **전원**: 시스템을 재시작하거나 끌 수 있습니다.

008 시작 화면에서 앱 관리하기

시작 화면의 '고정됨'에 나타난 앱 목록은 말 그대로 시작 메뉴에 고정되어 항상 나타나는 앱입니다. ▦을 클릭하면 언제든지 앱을 골라서 실행할 수 있습니다. 시작 화면에 앱 아이콘을 추가하거나 삭제하는 방법, 그리고 비슷한 유형의 앱을 폴더로 묶는 방법을 알아보겠습니다.

이론 시작 화면에서 앱 삭제하기

'고정됨' 목록은 앱이 많을 경우 여러 화면으로 구성됩니다. 그래서 휠마우스 버튼을 스크롤하거나 앱 목록 오른쪽에 있는 작은 점을 클릭해서 다음 화면으로 넘길 수 있죠.

고정된 앱 목록에서 사용하지 않는 앱은 언제든지 삭제할 수 있습니다. 앱 목록에서 삭제할 앱 아이콘을 마우스 오른쪽 버튼으로 클릭한 다음 [시작 화면에서 제거]를 선택합니다.

> **TIP** 시작 화면의 일부 앱은 윈도우 11에 없는 앱으로, 사용자가 클릭하면 그 때서야 다운로드된 다음 설치됩니다.

이론 시작 화면에 앱 추가하기

시작 화면에 필요한 앱을 추가할 수도 있습니다. '고정됨' 목록 오른쪽 끝에 있는 [모든 앱]을 클릭해서 전체 목록을 엽니다. 시작 화면에 추가할 앱을 마우스 오른쪽 버튼으로 클릭한 다음 [시작 화면에 고정]을 선택합니다.

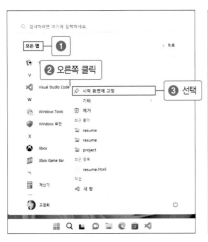

시작 화면에 있는 앱들은 종류별 혹은 용도별 폴더로 묶을 수 있습니다. 이렇게 앱을 폴더로 묶게 되면 한 화면에 더 많은 앱을 추가할 수 있겠죠?

서로 폴더로 묶을 앱 아이콘 중 하나를 다른 아이콘 위로 끌어 옮깁니다. 아이콘 주변에 폴더 영역이 표시되면 마우스 버튼에서 손을 뗍니다.

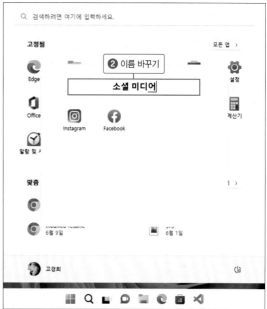

앱이 폴더로 묶이면서 기본적으로 '폴더'라는 이름이 붙여집니다. 시작 화면에 만들어진 폴더를 클릭한 다음 원하는 이름으로 바꾸면 됩니다. 시작 화면의 아무 곳이나 클릭하면 폴더 창이 닫힙니다.

009 시작 화면 왼쪽으로 옮기기

윈도우 10과 다르게 윈도우 11에서는 작업 표시줄이 화면 중앙에 표시됩니다. 중앙에 보이는 시작 화면이 익숙해지지 않는다면 윈도우 10에서처럼 왼쪽에 위치하도록 옮길 수도 있습니다.

■■ 작업 표시줄의 빈 곳을 마우스 오른쪽 버튼으로 클릭한 다음 [작업 표시줄 설정]을 선택합니다.

■■ 작업 표시줄을 설정할 수 있는 화면으로 즉시 이동합니다. '작업 표시줄 동작'이라는 항목이 닫힌 상태로 표시되는데, 항목 오른쪽에 있는 ☑를 눌러 항목을 펼칩니다.

■■ '작업 표시줄 정렬' 옵션의 기본값은 [가운데]입니다. [가운데]를 클릭한 다음 [왼쪽]을 선택합니다.

■■ 화면 가운데 표시돼 있던 시작 화면 아이콘이 화면 왼쪽으로 옮겨집니다.

010 | 위젯 보드 사용하기

윈도우 11에 추가된 기능 중 하나가 '위젯(widget)'입니다. 윈도우 11 위젯에 필요한 정보를 추가하거나 삭제하는 방법을 알아보고, 위젯에 나타나는 최신 뉴스를 자신에게 맞게 설정하는 방법도 살펴보겠습니다.

이론 **위젯 보드 열기**

위젯이란 자주 사용하는 앱이나 서비스의 실시간 정보를 한눈에 확인할 수 있도록 표시하는 작은 카드를 가리킵니다. 바탕 화면 가장 왼쪽에 있는 날씨 정보 아이콘 위로 마우스 커서를 올려 놓거나 아이콘을 클릭하면 화면 왼쪽에 위젯 보드가 표시됩니다. 또는 🪟+W를 눌러서 열 수도 있습니다.

위젯 보드에는 기본적으로 날씨와 주식 정보, 원드라이브에 있는 사진 정보가 표시됩니다. 위젯 보드의 위쪽에는 앱과 관련된 정보가 표시되고, 화면을 아래로 스크롤하면 MSN에서 제공하는 뉴스가 표시됩니다.

TIP 위젯 보드란 여러 개의 위젯을 한꺼번에 정리해서 보여주는 공간입니다.

이론 **위젯 추가하기**

위젯 보드에 다른 위젯을 추가할 수도 있습니다. 아직까지 추가할 수 있는 위젯이 많지 않지만 점점 많아질 것입니다.

위젯을 추가하려면 위젯 보드 오른쪽 위에 있는 ⊞를 클릭합니다. 위젯 설정 창에 나타나는 위젯 중 ⊘ 표시가 된 것은 이미 위젯 보드에 추가된 것이므로, ⊕이 있는 위젯 중에서 원하는 것을 추가하면 됩니다.

'To Do' 위젯을 추가해 볼까요? 위젯을 선택한 다음 열려 있는 창을 닫으면 됩니다. To Do 위젯을 추가하면 따로 앱을 실행하지 않고도 위젯 보드에서 할일 목록을 언제든지 쉽게 확인할 수 있습니다.

TIP 위젯의 윗부분을 클릭해서 드래그하면 위젯의 위치를 바꿀 수 있습니다.

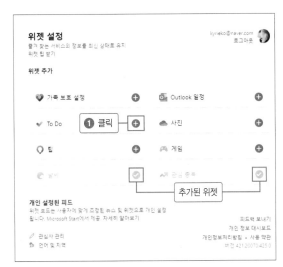

이론 **위젯 고정 해제하기 및 숨기기**

위젯 보드에 직접 추가한 위젯은 필요하지 않을 경우 화면에서 숨길 수 있습니다.

위젯을 숨기기 위해서는 우선 고정한 위젯을 해제해야 합니다. 숨기려는 위젯 카드 오른쪽 위에 있는 ⋯ 를 클릭한 다음 [위젯 고정 해제]를 선택하면 일단 위젯 보드에서 사라집니다. 그리고 다시 한번 위젯 보드를 열면 고정이 해제된 위젯이 다른 위치에 나타나는데 그 위젯 카드 오른쪽 위에 있는 ⋯ 를 클릭한 다음 [이 위젯 숨기기]를 선택해서 위젯을 감출 수 있습니다.

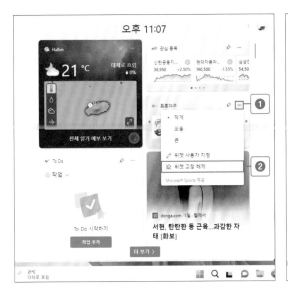

위젯 카드 크기 조절하기

위젯 보드에 있는 위젯은 필요에 따라 작게 표시할 수도 있고 크게 표시할 수도 있습니다. 작게 표시하면 간단한 정보만 볼 수 있고, 크게 표시하면 좀 더 상세한 정보를 볼 수 있습니다.

'날씨' 위젯에서 ⋯를 클릭하면 현재 선택되어 있는 크기에는 앞에 점이 표시되어 있는데, [작게]나 [크게]를 선택해서 위젯에 나타나는 정보를 바꿀 수 있습니다.

| '작게'를 선택했을 때

| '크게'를 선택했을 때

011 | 위젯 보드의 뉴스피드 자신에 맞게 설정하기

위젯 보드에는 마이크로소프트사의 포털 사이트인 MSN에서 제공하는 최신 뉴스가 나열됩니다. 이 뉴스는 무작위로 표시되는데 자신이 원하는 분야의 뉴스로 설정해서 볼 수도 있습니다.

이론 **스토리 감추기**

위젯 보드의 뉴스는 사람들이 관심있을 만한 기사를 무작위로 보여줍니다. 위젯에서는 뉴스 기사를 스토리라고 합니다. 위젯 보드의 스토리 중에서 마음에 들지 않거나 관심 없는 것은 직접 제거할 수 있습니다. 이렇게 특정 스토리나 뉴스 제공 업체를 삭제하게 되면, 시간이 흐를수록 윈도우에서 사용자의 취향을 점점 학습하면서 불필요한 기사를 보여주지 않습니다.

위젯 보드에 있는 스토리 위에 마우스 커서를 올려서 ⊗가 표시되면 클릭합니다. 기사 자체가 마음에 들지 않는다면 [해당 이야기에 관심 없음]을 클릭하고, 해당 업체의 기사를 더 이상 보고 싶지 않다면 [###에서 스토리 숨기기]를 클릭합니다. 더 이상 비슷한 유형의 기사나 해당 업체의 기사가 표시되지 않도록 합니다.

윈도우에 마이크로소프트 계정으로 로그인하고 있다면 뉴스를 자신에게 맞게 설정할 수 있습니다.

■■ 위젯 보드의 가장 아래쪽에 있는 [더 보기]라는 링크를 클릭합니다.

■■ MSN 사이트에 자동으로 로그인 되면서 시작 페이지가 열립니다. 뉴스 목록 위에 있는 ⌀ 맞춤화 를 클릭합니다.

'관심사 발견'이라는 페이지로 연결되면, 위젯 보드에서 보고 싶은 주제만 선택합니다. 예를 들어, 국제 뉴스에 관심이 있다면 '국제' 항목을 클릭합니다. 선택된 주제 항목에는 ✅가 표시됩니다.

TIP 항목을 클릭할 때마다 선택과 취소가 반복됩니다.

012 | 위젯 보드를 여는 날씨 정보 아이콘 숨기기

작업 표시줄 가장 왼쪽에 표시된 날씨 정보 아이콘은 그 위로 마우스 커서를 올렸을 때 위젯 보드가 열립니다. 그래서 원하지 않는 경우에도 불쑥 위젯 보드가 나타나곤 하죠. 작업 표시줄에 있는 아이콘을 감추는 방법을 알아보겠습니다. 참고로, 날씨 아이콘이 없어도 ▦+Ｗ를 눌러 위젯 보드를 열 수 있습니다.

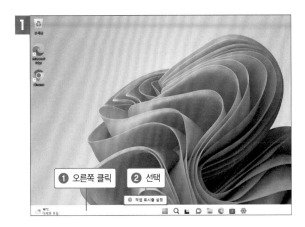

작업 표시줄의 빈 곳에서 마우스 오른쪽 버튼을 클릭한 다음 [작업 표시줄 설정]을 선택합니다.

'위젯' 부분에 켜져 있던 부분을 클릭해서 '끔'으로 바꿉니다. 이제 작업 표시줄을 보면 가장 왼쪽에 있던 날씨 정보 아이콘이 표시되지 않습니다. 위젯 보드가 삭제되는 것은 아니기 때문에 ▦+Ｗ를 눌러 위젯 보드를 열 수 있습니다.

013 작업 표시줄 살펴보기

바탕 화면의 아랫부분에 있는 작업 표시줄은 윈도우에서 매우 유용하고 다양하게 사용하는 부분입니다. 작업 표시줄 영역은 좁은 공간이지만 검색 상자와 앱 아이콘, 알림 영역, 날짜 및 시간 등 다양한 정보들이 표시되는 부분입니다.

윈도우 10과 윈도우 11의 가장 큰 차이점은 작업 표시줄입니다. 작업 표시줄이 화면 중앙에 위치하고, 실행 중인 앱과 기본 시스템 앱을 확인하고 관리할 수 있습니다. ⊞+W를 누르면 위젯을 실행할 수 있고, ⊞ +D를 누르면 바로 바탕화면으로 이동합니다.

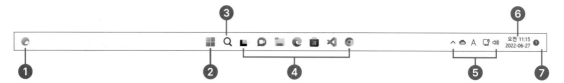

❶ **위젯 보드 열기**: 아이콘 위로 마우스 커서를 올리거나 클릭하면 위젯 보드가 표시됩니다.

❷ **[시작] 버튼**: 시작 화면을 표시합니다.

❸ **검색**: 클릭하면 검색 창이 표시되고 시스템에 있는 파일이나 앱을 검색할 수 있습니다.

❹ **앱 아이콘**: 작업 표시줄에 추가된 앱 아이콘이나 현재 실행 중인 앱 아이콘이 표시됩니다. 현재 실행 중인 앱은 아이콘 아래쪽에 점이 표시됩니다.

❺ **시스템 아이콘**: 윈도우에서 기본으로 표시하는 시스템 아이콘입니다. 여기에 표시할 시스템 아이콘은 사용자가 켜거나 끌 수 있습니다.

❻ **날짜와 시간**: 현재 지역을 기준으로 날짜와 시간이 표시됩니다. 이 영역에 표시된 숫자는 알림 메시지 개수입니다.

❼ **바탕 화면 보기**: 눈에 쉽게 띄지는 않지만 작업 표시줄의 가장 오른쪽에 있는 영역을 클릭하면 열려 있던 창이 한꺼번에 최소화되고 즉시 바탕 화면을 볼 수 있습니다. ⊞+D를 눌러서 바탕 화면을 볼 수도 있습니다.

014 | 작업 표시줄에 앱 고정하기

자주 사용하는 앱은 시작 화면에 고정하여 실행할 수도 있지만, 시작 화면을 열고 다시 앱 아이콘을 클릭하는 두 단계를 거쳐야 합니다. 하지만 작업 표시줄은 바탕 화면에 늘 보이는 공간이기 때문에 작업 표시줄에 앱 아이콘을 추가해 놓으면 한 번의 클릭으로 앱을 실행할 수 있습니다.

실습 모든 앱 보기에서 추가하기

시스템에 설치된 모든 앱을 살펴보기 위해 시작 화면에서 [모든 앱]을 클릭합니다.

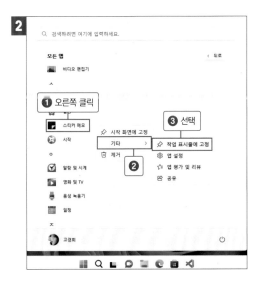

시스템에 설치된 앱들이 모두 표시됩니다. 그중 작업 표시줄에 추가할 앱 아이콘을 마우스 오른쪽 버튼으로 클릭한 다음 [기타]-[작업 표시줄에 고정]을 선택합니다.

TIP 시작 화면에 있는 앱을 추가하려면 앱 아이콘을 마우스 오른쪽 버튼으로 클릭한 다음 [작업 표시줄에 고정]을 선택합니다.

3 작업 표시줄 아이콘 중 맨 오른쪽에 선택한 앱 아이콘이 표시됩니다.

✔
잠깐
만요 **작업 표시줄에서 아이콘 제거하기**

작업 표시줄에 있는 아이콘을 제거하려면 앱 아이콘을 마우스 오른쪽 버튼으로 클릭한 다음 [작업 표시줄에서 제거]를 선택합니다.

015 | 작업 표시줄의 기본 앱 감추기

작업 표시줄에는 윈도우 11에 새로 추가된 '채팅' 앱을 비롯해 기본적인 앱 아이콘들이 표시되어 있습니다. 기본 앱을 자주 사용하지 않는다면 작업 표시줄에서 감춰둘 수도 있고, 필요할 때 다시 표시할 수도 있습니다.

작업 표시줄의 빈 곳을 마우스 오른쪽 버튼으로 클릭한 다음 [작업 표시줄 설정]을 선택합니다.

작업 표시줄에서 감출 수 있는 기본 앱은 '검색'과 '작업 보기', '위젯', '채팅'입니다. 작업 표시줄에서 감출 앱은 '켬' 상태에서 '끔' 상태로 바꾸면 됩니다.

016 | 작업 표시줄 시스템 아이콘을 감추거나 표시하기

작업 표시줄에는 시스템 정보를 나타내는 아이콘과 함께 현재 실행 중인 프로그램 아이콘이 표시됩니다. 작업 표시줄에 필요한 아이콘을 추가하거나 제거하는 방법을 알아보겠습니다.

작업 표시줄의 빈 곳에서 마우스 오른쪽 버튼을 클릭한 다음 [작업 표시줄 설정]을 선택하면 '작업 표시줄' 설정 창이 열립니다. 오른쪽 화면에서 [기타 시스템 트레이 아이콘] 항목을 클릭합니다.

작업 표시줄에 표시할 아이콘은 [켬]으로, 숨길 아이콘은 [끔]으로 설정한 다음 설정 창을 닫습니다.

TIP 시스템 트레이 아이콘이 많을 경우 작업 표시줄에는 일부만 표시되는데 ⌃를 누르면 나머지 아이콘을 볼 수 있습니다.

017 빠른 설정 사용하기

작업 표시줄의 트레이 아이콘 중에서 인터넷 연결 아이콘이나 볼륨 아이콘을 클릭하면 빠른 설정 화면이 표시됩니다. '설정' 앱으로 이동하지 않고도 자주 사용하는 설정을 조절할 수 있습니다.

빠른 설정에 표시되는 항목은 시스템마다 조금씩 다릅니다. 예를 들어 노트북이라면 전원 관리 아이콘이 함께 표시됩니다.

TIP 윈도우 10의 알림 센터에 있던 빠른 설정이 윈도우 11에서는 '빠른 설정'으로 분리된 것입니다.

│ 빠른 설정

이론 빠른 설정에서 제거하기

빠른 설정 화면에서 사용하지 않는 아이콘은 제거할 수 있습니다. 빠른 화면에 있는 〔✐〕를 클릭한 다음 각 항목 오른쪽 위에 있는 〔⊗〕를 클릭합니다. 항목을 제거한 다음에는 〔✓ 완료〕를 클릭합니다.

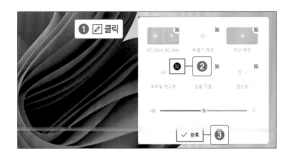

이론 빠른 설정에 추가하기

빠른 설정 화면에 있는 〔＋ 추가〕를 클릭하면 다른 설정 항목도 빠른 설정에 추가할 수 있습니다. 항목을 추가한 다음 〔✓ 완료〕를 클릭합니다.

03장

나에게 딱 맞는 윈도우 만들기

윈도우 11을 새로 설치했거나 업그레이드했다면 가장 먼저 할 일은 나의 작업 스타일에 맞게 윈도우 11을 설정하는 것입니다. 바탕 화면의 배경을 바꾸거나 화면에 자꾸 등장하는 알림 메시지를 감추는 방법을 알아봅니다. 이 외에 시스템에서 2개의 모니터를 사용하기 위한 설정도 살펴보고, 가족이나 다른 사람과 함께 사용하는 컴퓨터를 안전하게 사용하는 방법을 살펴보겠습니다.

018 | 윈도우의 설정은 '설정' 앱에서

윈도우에는 사용자가 설정할 수 있는 항목이 아주 많습니다. 이런 설정 항목을 모두 모아 놓은 것이 '설정' 앱인데요, 각 설정 항목에 대해서는 하나씩 살펴보기로 하고 여기에서는 '설정' 앱을 좀더 편리하게 사용하는 방법을 알아보겠습니다.

■■ ▦를 마우스 오른쪽 버튼으로 클릭한 다음 [설정]을 선택하거나 ⊞+Ⅰ를 눌러서 '설정' 앱을 엽니다.

TIP 설정 앱을 자주 사용한다면 설정 앱 아이콘을 작업 표시줄에 추가해도 좋겠지요?

■■ 설정 앱 화면의 왼쪽에는 현재 사용자 계정과 함께 카테고리가, 오른쪽에는 각 카테고리에서 사용할 수 있는 항목이 표시됩니다.

■■ 설정 앱에는 사용할 수 있는 항목이 너무 많기 때문에 내가 찾는 항목이 어떤 카테고리에 있는지 찾기가 쉽지 않습니다. 이럴 때는 설정 검색 창에 원하는 항목을 입력해서 쉽게 찾을 수 있죠. 예를 들어, 바탕 화면 배경을 바꾸고 싶다면 '바탕 화면'이라고 입력해 보세요. '바탕 화면'과 관련된 여러 설정 항목이 표시됩니다.

■■ 검색 결과 중에서 '바탕 화면 배경 선택'을 선택하면 즉시 바탕 화면 배경을 바꿀 수 있는 항목으로 이동합니다.

019 | 윈도우 테마 사용하기

윈도우 테마란 바탕 화면의 배경 사진과 소리, 마우스 커서 모양이 어울리도록 만들어진 디자인을 말합니다. 윈도우 11에는 6가지의 테마가 준비되어 있어서 그중 선택하여 사용할 수 있습니다.

 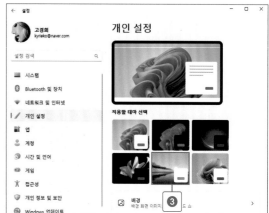

■■ 바탕 화면의 빈 곳을 마우스 오른쪽 버튼으로 클릭하고 [개인 설정]을 선택합니다.

TIP ■+Ⅰ를 눌러 설정 앱을 실행한 다음 [개인 설정]을 선택해도 됩니다.

■■ '적용할 테마 선택' 항목에는 6개의 테마가 있는데 각 테마 이미지 위로 마우스 커서를 올리면 테마 이름과 사용하는 배경 개수가 표시됩니다. 일부는 배경이 하나뿐인 테마도 있지만 일부 테마는 여러 개의 배경이 번갈아 가며 표시됩니다. '일출' 테마를 선택해 볼까요?

TIP 테마 이미지 안에 있는 작은 사각형은 시작 화면의 배경색이고, 작은 사각형 안에 있는 굵은 선은 테마 색입니다.

선택한 테마에서 준비한 배경 사진이 표시됩니다. 여러 개의 배경 사진이 포함된 테마는 30분마다 다른 배경이 표시됩니다. 현재 배경 사진 외에 어떤 사진이 있는지 궁금하다면 바탕 화면을 마우스 오른쪽 버튼으로 클릭하고 [다음 바탕 화면 배경]을 선택합니다.

테마에 포함된 다른 배경 사진이 표시됩니다.

나만의 테마 만들기

윈도우에서 미리 만들어 놓은 테마를 선택했더라도 배경이나 색, 소리, 마우스 커서를 자신이 원하는 형태로 바꿀 수 있습니다.

[설정]-[개인 설정]-[테마]를 차례로 선택하면 현재 선택한 테마가 표시됩니다. 테마 미리보기 화면 아래에 '배경'과 '색', '소리', '마우스 커서' 항목이 있는데 각 항목을 클릭하면 해당 부분을 다른 형태로 바꿀 수 있습니다.

예를 들어, [마우스 커서]를 클릭하면 윈도우에 있는 여러 커서 중에서 현재 커서와 다른 커서를 찾아서 바꿀 수 있죠.

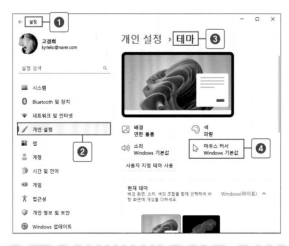

020 | 바탕 화면 배경 바꾸기

바탕 화면은 윈도우 11을 사용하면서 가장 많이 보게 되는 화면입니다. 그래서 바탕 화면 배경을 직접 찍은 사진이나 좋아하는 사진으로 꾸미곤 하죠. 여기에서는 윈도우 11 바탕 화면의 배경을 지정하는 방법에 대해 알아보겠습니다. 배경으로 사용할 사진이나 이미지를 준비한 다음 따라해 보세요.

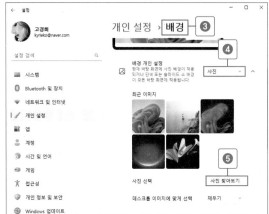

■■ 바탕 화면의 빈 곳을 마우스 오른쪽 버튼으로 클릭하고 [개인 설정]을 선택합니다.

TIP 설정 앱에서 [개인 설정]을 선택해도 됩니다.

■■ 설정 앱의 '개인 설정' 창에서 [배경]을 클릭합니다. 그리고 '배경 개인 설정'에서 [사진]을 선택하고 [사진 찾아보기]를 클릭합니다.

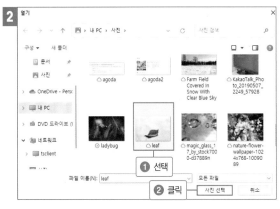
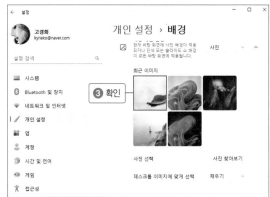

■■ '열기' 창에서 배경으로 사용할 사진을 선택하고 [사진 선택]을 클릭합니다

TIP 배경으로 사용할 사진을 더블클릭해도 됩니다.

■■ 선택한 사진은 '최근 이미지' 항목에 표시됩니다. 이전에 사용했던 배경 이미지도 여기에 표시되죠. '최근 이미지'에 있는 이미지는 클릭만 하면 바탕 화면에 적용됩니다.

미리보기 화면에 선택한 사진이 표시되고 바탕 화면에도 적용됩니다. <kbd>⊞</kbd>+<kbd>D</kbd>를 누르면 바탕 화면 배경이 선택한 사진으로 변경됩니다.

021 | 바탕 화면 배경 가운데 표시하기

휴대폰으로 찍은 사진처럼 사진 크기가 작을 경우 바탕 화면 배경으로 지정하면 사진을 억지로 늘려서 화면을 가득 채우게 됩니다. 작은 사진을 배경으로 사용할 때 화면을 가득 채우지 않고 화면 가운데 표시하는 방법을 알아보겠습니다.

가지고 있는 사진을 바탕 화면 배경으로 지정하면 '데스크톱 이미지에 맞게 선택' 항목이 기본적으로 '채우기'로 되어 있으므로 아무리 작은 사진이라도 화면에 가득 차게 표시됩니다.

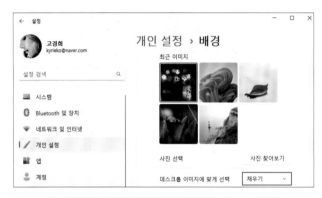

'채우기' 적용

작은 이미지를 화면 가운데에 표시하려면 '데스크톱 이미지에 맞게 선택' 항목에서 '가운데'를 선택합니다. 사진을 가운데 표시하고 남는 부분은 색으로 채워야 하기 때문에 바로 아래에 있는 '배경색 선택' 항목에서 원하는 배경색도 선택해 줍니다.

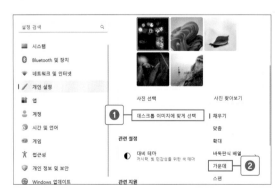

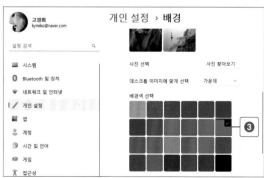

■+D 를 눌러서 확인해 보면 사진이 화면 가운데 표시되고 선택한 배경색으로 나머지 부분이 채워졌습니다.

'사진 가운데'+'배경색' 적용

022 | 잠금 화면 배경 바꾸기

윈도우 11이 설치된 컴퓨터를 켰을 때 제일 먼저 나타나는 화면을 '잠금 화면'이라고 합니다. 잠시 자리를 비워 절전 모드가 되었을 때도 잠금 화면이 표시되죠. 잠금 화면의 배경도 원하는 사진으로 바꿀 수 있습니다.

- ■■ 설정 앱에서 [개인 설정]-[잠금 화면]을 차례대로 클릭하면 현재 사용 중인 잠금 화면이 표시됩니다. '잠금 화면 개인 설정' 항목에는 'Windows 추천'이 선택되어 있는데 이것은 윈도우에서 자동으로 추천하는 사진입니다. [Windows 추천]-[사진]을 차례대로 클릭합니다.
- ■■ '사진 선택' 항목에서 [사진 찾아보기]를 클릭합니다.

- ■■ 잠금 화면으로 사용할 사진이 있는 폴더로 이동하여 사진을 선택하고 [사진 선택]을 클릭합니다.
- ■■ 잠금 화면 창의 맨 위에 있는 미리보기에 방금 선택한 사진이 표시됩니다. ⊞+L을 누르면 바뀐 잠금 화면이 표시됩니다.

023 | 윈도우에 다크 모드 적용하기

'다크 모드(dark mode)'란 사용자의 시력을 보호할 수 있도록 어두운 바탕에 밝은 색 글씨로 표시하는 방법입니다. 윈도우 11은 기본적으로 밝게 보여주는 '라이트 모드(light mode)'를 사용하고 있는데, 다크 모드가 편하다면 다크 모드로 바꿔서 사용할 수 있습니다.

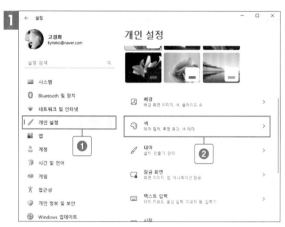
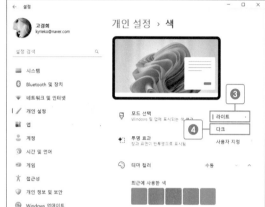

■▪ [설정]-[개인 설정]-[색]을 차례대로 클릭합니다.

■▪ '모드 선택' 항목은 기본적으로 '라이트'가 지정되어 있습니다. [라이트] 부분을 클릭한 다음 [다크]를 선택합니다.

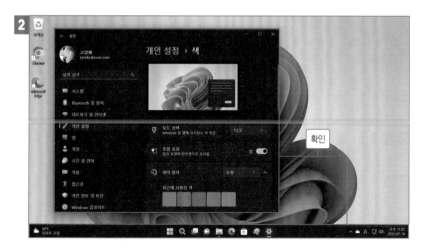

즉시 작업 표시줄과 열려 있던 설정 창이 검은색으로 바뀝니다.

TIP 원래대로 밝게 되돌리고 싶다면 '모드 선택'에서 [라이트]를 선택합니다.

024 | 듀얼 모니터 설정하기

최근에는 노트북을 사용하면서 별도의 모니터를 연결해 2개의 모니터를 사용하는 경우가 많아졌습니다. 물론, 데스크톱 컴퓨터에 2개의 모니터를 연결하기도 하죠. 한 번에 많은 작업을 동시에 한다면 듀얼 모니터가 편리하겠죠?

이론 그래픽 카드 확인하기

듀얼 모니터를 구성하기 전에 가장 먼저 할 일은 내 컴퓨터의 그래픽 카드가 듀얼 모니터를 지원하는지 확인하는 것입니다.

작업 표시줄의 ▦를 마우스 오른쪽 버튼으로 클릭한 다음 [장치 관리자]를 선택합니다. '장치 관리자' 창의 장치 목록에서 [디스플레이 어댑터]를 선택하면 현재 사용하고 있는 그래픽 카드가 표시됩니다.

제 컴퓨터의 경우에는 'NVIDA Geforce …'로 시작하는 그래픽 카드입니다. 맨 앞에 있는 NVIDA가 제조업체이므로 업체 사이트에서 방금 확인한 그래픽 카드 이름을 검색해서 듀얼 모니터가 가능한지 살펴보세요.

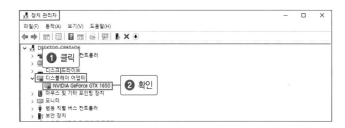

> **TIP** Intel HD Graphics ###로 표시되는 것은 컴퓨터 메인 보드에 내장되어 있는 그래픽 카드입니다. 이 경우에는 인터넷 검색 사이트에서 'Intel HD Graphics ### 듀얼 모니터'로 검색해 보면 됩니다.

이론 듀얼 모니터 확인하기

컴퓨터가 꺼져 있는 상태에서 두 번째 모니터를 연결합니다. [설정]-[시스템]을 클릭하면 두 개의 모니터 화면 그림이 표시됩니다. 현재 활성화된 모니터는 파란색으로 표시됩니다.

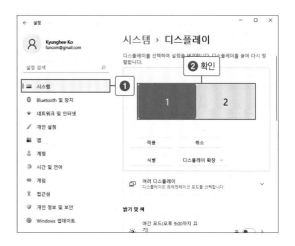

설정 화면에 표시된 숫자 '1'과 '2'는 시스템에서 인식한 순서에 따라 표시된 것입니다. 모니터 화면 그림 아래에 있는 [식별] 버튼을 클릭하면 모니터 화면 그림에 숫자 1과 2가 크게 표시되어 '주 모니터'와 '부 모니터'를 구별할 수 있습니다.

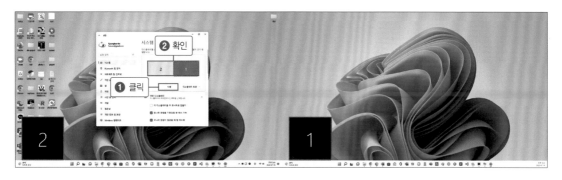

이론 모니터 위치 조절하기

'설정' 창에는 연결된 듀얼 모니터를 구분하기 위해 모니터 이미지가 표시됩니다. '1' 이미지가 왼쪽, '2' 이미지가 오른쪽에 있다면 실제 모니터의 창을 왼쪽에서 오른쪽으로 드래그해 '1'에서 '2'로 옮길 수 있습니다. 모니터 이미지와 실제 모니터 위치가 다르다면 '설정' 창의 모니터 이미지를 드래그해 실제 모니터 위치와 같게 배치해 보세요. 모니터가 위아래로 배치돼 있다면 이미지를 드래그해 위아래로 배치할 수도 있습니다.

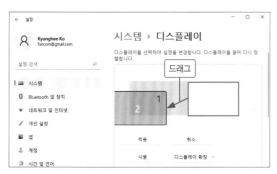

이론 주 모니터 설정하기

오른손잡이라면 모니터를 배치할 때도 주 모니터는 왼쪽에, 부 모니터는 오른쪽에 두어야 자연스럽게 사용할 수 있습니다. 두 개의 모니터 중 왼쪽 모니터가 주 모니터라면 상관없지만, 오른쪽 모니터가 주 모니터로 되어 있다면 주 모니터를 바꿀 수 있습니다. 우선 모니터 그림 아래에 있는 [여러 디스플레이]를 클릭해서 더 많은 항목을 표시합니다. 그리고 주 모니터로 사용할 모니터를 선택한 다음 [이 디스플레이를 주 디스플레이로 만들기]에 체크하면 됩니다.

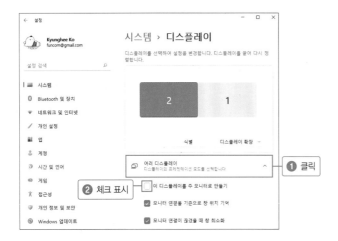

이론 복제할지, 확장할지 결정하기

모니터 그림 아래에 있는 [디스플레이 확장] 항목을 클릭하면 두 개의 모니터를 어떤 방법으로 사용할지 선택할 수 있습니다.

① **디스플레이 복제**: 두 개의 모니터에 같은 내용을 표시할 때 선택합니다. 교육용으로 큰 모니터를 연결해서 첫 번째 모니터는 교육자가, 두 번째 모니터는 교육생에게 보여주려고 할 때 양쪽의 모니터에 같은 내용이 표시되는 이 옵션이 적합합니다. [디스플레이 복제]를 선택하면 화면에 '1'과 '2'라는 숫자가 하나의 모니터에 표시됩니다.

② **디스플레이 확장**: 두 개의 모니터를 마치 하나의 모니터처럼 넓게 사용할 때 선택합니다. 한 대의 모니터에는 인터넷 창을, 또 다른 모니터에는 문서 작업을 하는 등 동시에 많은 작업을 할 때 편리합니다. 듀얼 모니터를 사용할 경우 주로 이 옵션을 사용합니다. [디스플레이 확장]을 선택하면 화면에 '1'과 '2'라는 숫자를 가진 두 개의 모니터가 모두 표시됩니다.

③ **1에만 표시**: 두 대의 모니터 중 '1번' 모니터에만 내용이 표시됩니다.

④ **2에만 표시**: 두 대의 모니터 중 '2번' 모니터에만 내용이 표시됩니다.

025 해상도 조절하기

윈도우 11은 시스템에 연결된 모니터를 자동으로 인식해서 가장 최적화된 해상도를 찾습니다. 그래서 보기에 편안한 상태로 표시하죠. 하지만 해상도를 조절해야 할 경우가 있습니다. 해상도를 조금 낮춰서 글자와 아이콘을 크게 표시할 수도 있고, 특정 크기에 맞춰서 화면을 캡처해야 할 경우도 있죠. 해상도를 조절하는 방법을 알아봅니다.

■+Ⅰ를 눌러 설정 앱을 열고, [시스템]-[디스플레이]를 선택하면 현재 모니터에 가장 적합한 해상도가 '(권장)'이라는 표시와 함께 지정되어 있습니다.

TIP 듀얼 모니터라면 바로 위에 있는 모니터 번호를 선택해서 모니터마다 각각 해상도를 조절할 수 있습니다.

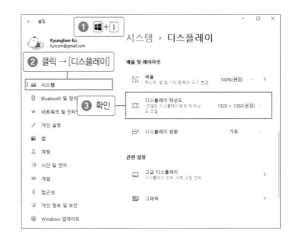

해상도를 바꾸려면 [해상도] 목록을 펼친 다음 원하는 해상도를 선택합니다.
선택한 해상도에 맞춰 임시로 화면이 변경되고 '이 디스플레이 설정을 유지할까요?'라는 메시지 창이 표시됩니다. 방금 선택한 해상도가 마음에 들면 [변경한 설정 유지]를 클릭하고 다른 해상도를 선택하려면 [되돌리기]를 클릭하여 방금 선택한 값을 취소합니다.

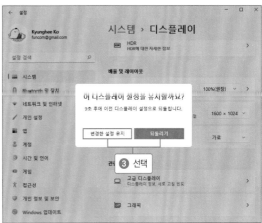

026 | 불필요한 알림 끄기

윈도우 11에서는 각 앱에서 보내는 알림 내용이 즉시 바탕 화면에 표시됩니다. 프레젠테이션을 진행 중이거나 중요한 작업을 하고 있을 때 자동으로 나타나는 알림이 불편할 수 있죠. 이 경우에는 알림을 받더라도 나중에 알림 센터에서 확인하도록 설정할 수 있습니다. 또는 완전히 알림을 끌 수도 있습니다.

이론 **알림 배너 끄기**

알림 배너란 윈도우를 사용하는 도중에 화면 오른쪽에 나타나는 알림 내용을 말합니다. 알림이 켜져 있는 앱을 사용할 때 이렇게 화면을 가리는 배너가 나타나는 것을 끌 수 있습니다.

| 알림 배너

시작 버튼을 마우스 오른쪽 버튼으로 클릭해서 설정 앱을 실행합니다. 그리고 설정 앱에서 [시스템]-[알림]을 선택하면 기본적으로 알림이 '켬'으로 선택되어 있고, '앱 및 기타 보낸 사람이 전송한 알림'이라는 항목에는 어떤 앱에서 알림을 사용하고 있는지 표시됩니다. 알림 배너를 표시하지 않을 앱을 찾아서 오른쪽에 있는 ⌞>⌟를 클릭합니다.

'알림 배너 표시'에 체크를 지우면 현재 앱의 알림은 배너 형태로 표시되지 않습니다.

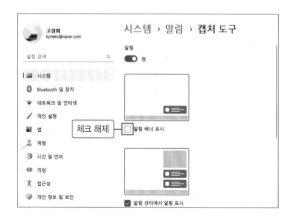

알림 배너를 꺼놨더라도 작업 표시줄 오른쪽 끝에 있는 🔔이나 ❶를 눌러 알림 센터를 표시해서 알림을 확인할 수 있습니다.

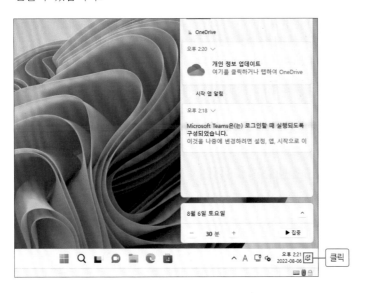

전체 알림 끄기

윈도우의 알림은 놓칠 수 있는 경고나 메시지를 즉시 확인할 수 있다는 장점이 있지만, 불필요한 알림들이 자주 쌓인다면 알림 기능을 끌 수 있습니다. 설정 앱에서 [시스템]-[알림]을 선택한 다음 기본적으로 '켬' 상태인 '알림' 항목을 클릭해서 '끔' 상태로 바꿉니다.

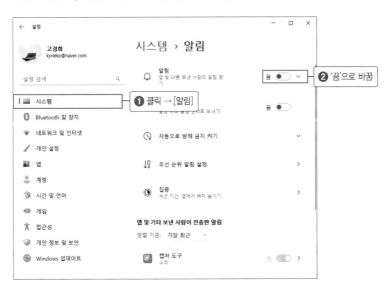

027 | 같이 사용하는 컴퓨터일 때 흔적 남기지 않기

윈도우 11은 최근에 작업했던 내용을 저장하기 때문에 언제든지 이전에 했던 작업을 쉽게 찾아서 실행할 수 있습니다. 하지만 가족이 함께 사용하는 컴퓨터이거나 PC방에서 급하게 사용해야 할 경우에는 이런 기록이 남지 않도록 해야겠죠? 공동 컴퓨터에서 내 사용 흔적을 남기지 않는 방법을 알아보겠습니다.

이론 최근에 연 항목 끄기

시작 화면에는 '맞춤'이라는 항목에 최근 실행한 파일 정보가 표시됩니다. [자세히]를 누르면 좀더 자세하게 보여주죠.

이렇게 표시되는 최근 사용 항목을 끄려면 설정 앱에서 [개인 설정]−[시작]을 선택한 다음 '시작 메뉴, 점프 목록 및 파일 탐색기에서 최근에 연 항목 표시하기'를 '끔'으로 변경합니다. 이렇게 설정해 놓으면 이제부터는 시작 화면에 최근 사용 항목이 표시되지 않습니다.

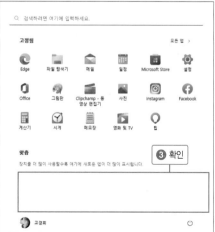

이론 활동 기록 저장하지 않기

윈도우 11은 컴퓨터에서 사용자의 활동 기록을 자동으로 저장합니다. 이렇게 저장한 정보는 나중에 예전 작업으로 되돌리려고 할 때 유용하게 사용됩니다. 하지만 공용 컴퓨터라면 이런 기록을 저장해둘 필요가 없겠죠?

설정 앱에서 [개인 정보 및 보안]-[활동 기록]을 선택한 다음 '이 장치에 내 활동 기록 저장'을 '끔'으로 바꿉니다. 이 설정을 바꾼 이후에는 활동 기록이 저장되지 않습니다.

이론 활동 기록 지우기

활동 기록을 저장하지 못하도록 설정을 끄더라도 그 전에 저장된 활동 기록은 그대로 남게 됩니다. 지금까지 저장되었던 활동 기록 자료를 지우려면 '이 계정의 활동 기록 지우기' 항목에 있는 [기록 지우기] 버튼을 클릭합니다. 정말 삭제할 것인지 한 번 더 묻는 창이 표시되면 [지우기]를 클릭하여 삭제합니다.

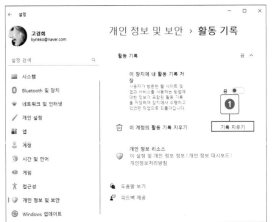
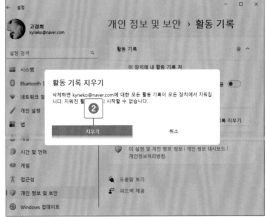

04장

알아 두면 편리한 윈도우 기능

윈도우는 간단한 조작법만 알아도 누구나 사용할 수 있습니다. 하지만 알아 두면 더 편리한 기능들이 많죠. 여기에서는 윈도우 11의 편리한 검색 기능과 바탕 화면에 펼쳐진 여러 개의 창을 정리하는 방법, 윈도우에서 앱을 제거하는 방법 등에 대해 살펴보겠습니다.

028 | 윈도우 검색 활용하기

윈도우의 검색 기능을 사용하면 앱뿐만 아니라 문서, 설정 등 컴퓨터에 저장된 모든 정보를 검색할 수 있습니다. 또한 검색어와 관련된 인터넷 검색 결과까지 보여주기 때문에 손쉽게 원하는 정보를 찾을 수 있습니다.

이론 검색해서 앱 실행하기

검색 아이콘(🔍)을 클릭하면 검색 창이 표시되는데 여기에 검색하려는 앱 이름을 입력합니다. 검색어를 입력하고 Enter는 누르지 마세요. 입력한 이름에 맞는 앱이 있다면 검색 결과가 표시되죠. 검색 결과에 표시된 앱 이름을 클릭해도 되고, 오른쪽 결과 화면에서 '열기'를 클릭해도 실행할 수 있습니다.

TIP 앱 이름이 영문일 경우 영어로 검색해야 찾을 수 있습니다.

검색 상자에 검색어를 입력하면 앱뿐만 아니라 검색어와 일치하는 여러 자료들을 검색할 수 있습니다. 예를 들어 '교육일지'를 입력하면 컴퓨터에 저장되어 있는 '교육일지'라는 문서들을 찾을 수 있죠. 검색 결과의 [열기]를 클릭하면 해당 문서 파일을 바로 열 수 있고, [파일 위치 열기]를 클릭하면 파일 탐색기에 해당 문서 파일이 있는 폴더를 보여줍니다.

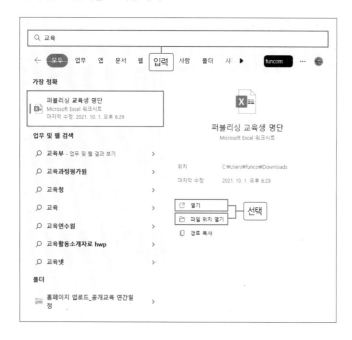

윈도우의 설정 항목이 워낙 많기 때문에 찾으려고 하는 설정 항목을 검색할 수도 있죠.

윈도우 검색은 검색어와 관련된 여러 정보를 검색할 수 있습니다. 문서 파일 뿐만 아니라 사진, 동영상, 검색어에 관련된 웹 문서도 검색할 수 있습니다. 예를 들어, 'flower'라고 입력한 다음 [▶]-[사진]을 선택하면 컴퓨터에 있는 사진들 중에서 파일 이름에 'flower'가 들어간 사진을 검색합니다.

029 | 눈을 보호해 주는 야간 모드 사용하기

컴퓨터나 스마트폰의 화면에서는 '청색광(블루라이트)'이 방출되는데, 이 청색광에 오래 노출되면 눈의 피로가 심해지고 쉽게 잠을 이룰 수 없다고 합니다. 윈도우 11의 '야간 모드'를 사용하면 청색광을 조금이라도 줄일 수 있습니다.

이론 즉시 야간 모드 적용하기

윈도우를 사용하다가 즉시 야간 모드로 바꾸려면 작업 표시줄에서 네트워크나 볼륨 아이콘을 클릭하여 빠른 설정 창을 열고 야간 모드 아이콘(　☀　)을 클릭합니다. 야간 모드 아이콘이 　☀　로 바뀌면 야간 모드가 적용된 것입니다.

TIP 모니터를 좀더 편안하게 사용하려면 ⊞+A를 눌러 빠른 설정 창을 연 다음 [야간 모드]를 클릭합니다.

실습 야간 모드 자동으로 켜고 끄기

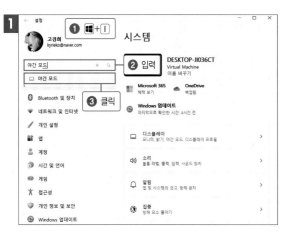 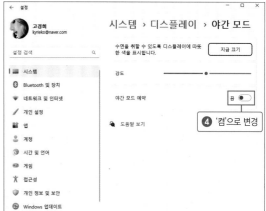

■■ ⊞+I를 눌러 설정 앱을 실행합니다. 이번에는 '야간 모드'를 검색해서 찾아볼까요? 설정 창의 맨 위에 '야간 모드'라고 입력하면 즉시 검색 결과가 나타납니다. [야간 모드]를 클릭합니다.

■■ '야간 모드 예약'은 기본적으로 '끔' 상태입니다. 야간 모드가 켜지고 꺼지는 시간을 설정하려면 '끔' 버튼을 클릭해서 '켬'으로 바꿉니다.

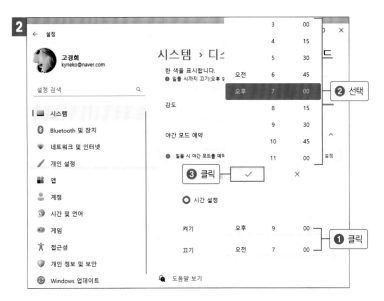

야간 모드 예약이 켜지면서 시간을 설정할 수 있는 항목이 표시됩니다. '켜기'나 '끄기'에 있는 시간 부분을 클릭해서 켜지는 시간과 꺼지는 시간을 지정할 수 있습니다. 시간을 지정하고 ☑를 클릭해야 저장됩니다.

030 │ 윈도우에서 이모지 사용하기

이모지란 텍스트를 입력할 수 있는 곳에서 사용할 수 있는 그림 문자나 아이콘, 특수 문자를 가리킵니다. 친구와 문자 메시지를 주고받을 때 사용하는 아이콘 같은 것이죠. 게시판이나 채팅 창, 텍스트 편집기 등 텍스트를 입력할 수 있는 곳이라면 어디서든 간단하게 삽입할 수 있습니다.

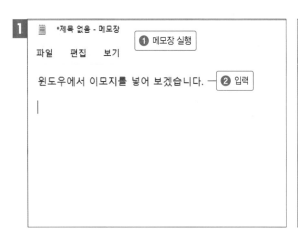

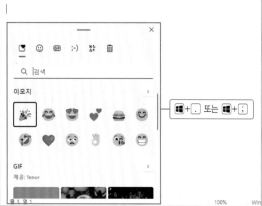

■■ 여기에서는 메모장을 사용해 이모지를 넣어 보겠습니다. 우선 메모장 앱을 실행한 다음 간단한 텍스트를 입력합니다. 이모지는 항상 커서가 깜빡이는 위치에 삽입됩니다.

TIP 시작 화면의 앱 목록에서 선택하거나, ⊞+S를 눌러 표시된 검색 창에 '메모장'을 입력해 실행할 수도 있습니다.

■■ 키보드에서 ⊞+. (마침표)를 누르거나 ⊞+; (세미콜론)을 누르면 커서 바로 아래에 이모지 창이 표시됩니다. 이모지 창에는 이모지뿐만 아니라 움직이는 그림, 특수 기호 등 여러 종류가 있습니다. 각 종류는 이모지 창 위에 작은 아이콘으로 표시되어 있습니다.

TIP 이모지만 골라서 보려면 맨 위에 있는 이모지 아이콘(☺)을 클릭하거나, '이모지' 텍스트 오른쪽에 있는 ⟩를 클릭하세요.

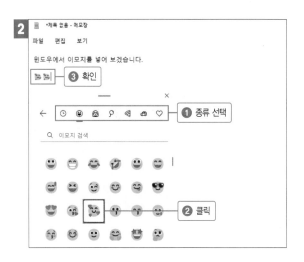

이모지 안에도 사람, 음식, 축하 행사 등 종류별로 여러 이모지가 구분되어 있습니다. 종류를 나타내는 아이콘을 클릭해도 되고 스크롤 막대를 아래로 계속 내리면서 모든 이모지를 살펴볼 수도 있습니다. 마음에 드는 이모지를 클릭하면 커서가 있던 위치에 이모지가 삽입됩니다.

TIP 메모장 앱에서는 움직이는 이모지 아이콘을 삽입할 수 없지만, 웹 브라우저나 채팅 앱 등에서는 움직이는 이모지도 사용할 수 있습니다.

031 | 좌우로 화면 분할해서 사용하기

두 개의 앱을 오가면서 작업해야 할 경우 앱 화면을 왔다갔다 하는 것보다 화면에 좌우로 나란히 놓고 사용하는 것이 편리합니다. 이 때 앱 창의 크기를 정확히 절반씩 나누기가 쉽지 않죠. 화면을 반으로 나누어 사용하는 간단한 방법을 알아보겠습니다.

- ■■ 여러 앱을 실행한 상태에서 화면을 분할해 보겠습니다. 위 그림은 웹 브라우저와 사진, 날씨 앱이 실행된 상태입니다. 화면 한쪽에 배치할 앱 창이 선택된 상태에서 ⊞+← 또는 ⊞+→를 눌러 보세요. 왼쪽이나 오른쪽 중 한쪽으로 배치할 수 있습니다.

- ■■■ 선택한 앱 창이 화면의 반을 차지하면서 나머지 앱 창이 반대쪽 화면에 표시됩니다. 키보드의 화살표를 움직여서 나머지 하나의 앱으로 이동한 후 Enter 를 누릅니다.

| 좌우 화면 분할

화면의 나머지 반에도 선택한 앱이 표시되죠? 이렇게 정확하게 화면을 둘로 나누어 두 개의 앱을 비교하면서 살펴볼 수 있습니다.

069

032 | 스냅 레이아웃을 사용해 화면에 여러 앱 배치하기

와이드 모니터를 사용하고 있거나 한 번에 여러 개의 앱을 보면서 사용하고 싶다면 일일이 앱 창을 마우스로 끌어 옮겨서 배치해야 합니다. 하지만 윈도우 11에는 스냅 레이아웃이라는 기능이 추가되어 여러 개의 앱 창도 손쉽게 한 화면에 표시할 수 있습니다.

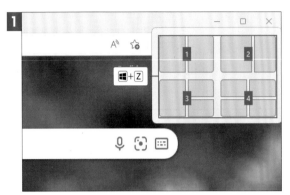 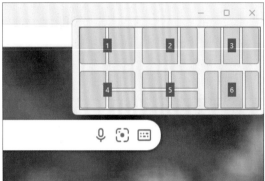

현재 보고 있는 앱 창에서 ⊞+Z를 눌러 보세요. 앱 창 오른쪽 위에 스냅 레이아웃이 표시됩니다. 앱 창을 어떤 형태로 배치할 것인지 안내하는 작은 이미지들입니다. 모니터 화면이 작을 경우에는 4개까지 배치할 수 있고, 화면이 크다면 6개까지 배치할 수 있습니다.

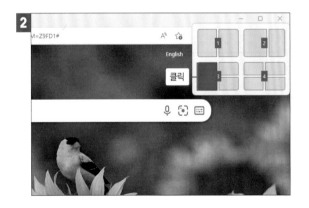

화면을 분할하려면 현재 보고 있는 앱 창의 위치를 먼저 선택합니다. 레이아웃에서 각 영역 위로 마우스 커서를 올릴 때마다 파란색으로 바뀌므로 원하는 영역을 선택할 수 있습니다.

남은 영역에서 선택할 수 있는 앱 창들이 표시됩니다. 해당 영역에 표시할 앱을 클릭해서 선택합니다.

TIP 영역이 좁을 경우 스크롤 막대를 아래로 내리면 더 많은 앱 창을 볼 수 있습니다.

4

선택

같은 방법으로 나머지 영역에도 앱 창을 선택합니다. 이렇게 미리 만들어진 레이아웃을 선택하고, 각 영역에 원하는 앱 창을 표시할 수 있습니다.

033 | 작업 보기 기능을 사용해 데스크톱 전환하기

윈도우 11에서는 용도에 따라 여러 개의 데스크톱(바탕 화면)을 만들어 사용할 수 있는데, 이것을 '가상 데스크톱'이라고 부릅니다. 여러 개의 앱을 실행하면서 업무용 작업과 개인용 작업을 서로 다른 데스크톱에서 진행할 수도 있고, 연관된 작업끼리 다른 데스크톱에서 진행할 수도 있죠.

실습 가상 데스크톱 만들기

| '데스크톱 2' 바탕 화면

■■ 작업 표시줄에서 작업 보기 아이콘(▉)을 클릭하면 작업 보기 화면이 표시됩니다. 작업 보기 화면 아래에서 '새 데스크톱'을 클릭합니다.

■■ 새로 바탕 화면이 나타나는데, 이 화면은 방금 만든 '데스크톱 2'의 바탕 화면입니다.

| '데스크톱 2' 실행 화면

새로운 데스크톱에는 기존의 데스크톱 1과 다른 앱을 실행할 수 있습니다.

이론 **가상 데스크톱 간에 이동하기**

작업 표시줄에서 작업 보기 아이콘(▣)을 클릭하면 사용 중인 데스크톱이 모두 표시됩니다. 데스크톱 이름 위로 마우스 커서를 올리면 해당 데스크톱에서 어떤 앱들이 실행 중인지도 확인할 수 있죠. 이동하고 싶은 데스크톱을 선택하면 해당 데스크톱으로 이동합니다.

좀더 편리한 방법은 Ctrl+▦를 누른 상태에서 ←나 →를 눌러서 데스크톱을 이동하는 것입니다. ←나 →를 누를 때마다 이전 데스크톱, 혹은 다음 데스크톱으로 하나씩 이동합니다.

TIP 작업 보기 아이콘(▣) 위로 마우스 커서를 올리면 사용 중인 데스크톱들이 나타나는데 그중 데스크톱을 선택해서 이동할 수도 있습니다.

실습 **가상 데스크톱 간에 앱 이동하기**

작업 표시줄에서 작업 보기 아이콘(▣)를 클릭한 다음 화면 아래쪽에 있는 '데스크톱 1'이나 '데스크톱 2' 위로 마우스 커서를 올려놓으면 각 데스크톱에서 어떤 앱이 실행되고 있는지 확인할 수 있습니다.

TIP 단축키(▦+Tab)를 눌러도 같은 화면을 표시할 수 있습니다.

이 상태에서 '데스크톱 1'에 있는 작은 앱 창을 '데스크톱 2'로 끌어 옮기면 해당 앱이 '데스크톱 2'로 옮겨집니다. 물론 '데스크톱 2'에서 '데스크톱 1'로도 옮길 수 있죠.

가상 데스크톱을 닫을 때는 작업 보기 화면에서 데스크톱 이름 오른쪽 위에 나타나는 [닫기] 버튼(X)을 클릭합니다. X 위로 마우스 커서를 올리면 X로 바뀝니다.

삭제한 데스크톱에 실행 중인 앱이 있다면 삭제한 데스크톱 앞의 데스크톱 화면으로 옮겨집니다. '데스크톱 2'를 삭제했다면 '데스크톱 1'로 옮겨지겠죠.

034 | 컴퓨터에서 불필요한 앱 삭제하기

윈도우를 사용하다 보면 이미 설치되어 있는 기본 앱뿐만 아니라 내가 필요해서 설치한 앱, 'Microsoft Store'에서 다운로드한 앱 등 여러 앱이 컴퓨터에 설치됩니다. 이렇게 설치한 앱을 하드 디스크의 용량이나 앱 간의 충돌 때문에 삭제해야 할때가 있죠? 윈도우 11에서 앱을 삭제하는 방법을 알아봅니다.

■■■ ⊞+Ⅰ를 눌러 설정 창을 열고 [앱]–[설치된 앱]을 선택합니다. 현재 컴퓨터에 설치된 앱이 알파벳 순으로 나열됩니다.

> **TIP** '정렬 기준' 항목에서 설치 날짜나 파일 크기에 따라 정렬하도록 선택할 수도 있습니다.

■■■ 윈도우의 기본 앱 중에는 삭제할 수 없는 앱도 있습니다. 삭제할 수 없는 앱은 [제거] 버튼이 활성화되지 않습니다.

삭제할 앱 항목의 오른쪽 끝에 있는 더보기(⋯)를 클릭한 다음 [제거]를 선택합니다. 앱뿐만 아니라 관련 정보도 제거된다는 안내 창이 표시되면 다시 한번 [제거]를 클릭합니다.

035 | 시작 앱과 오류 발생 앱 정지하기

컴퓨터를 부팅하고 사용자 계정으로 로그인하는 동안 자동으로 실행되는 앱을 '시작 앱' 또는 '시작 프로그램'이라고 합니다. 시작 앱이 많아지면 그만큼 부팅 시간이 더 길어지겠죠? 시작 앱 중에서 불필요한 앱의 실행을 멈추는 방법을 알아보겠습니다. 또한 앱에 문제가 생겼을 때 강제로 종료하는 방법도 알아보겠습니다.

이론 부팅할 때 자동으로 시작되는 앱 정지하기

Ctrl+Shift+Esc를 누르거나 ⊞+X를 눌러 빠른 링크 메뉴를 열고, [작업 관리자]를 선택하면 즉시 '작업 관리자'로 이동합니다. '작업 관리자' 창에서 [시작 앱] 카테고리를 클릭하면 컴퓨터를 부팅할 때 사용하는 다양한 앱이 나열됩니다.

'상태' 열은 현재 앱이 사용 중인지 아닌지를 나타내고 '시작 시 영향' 열은 해당 앱이 윈도우를 시작할 때 얼마나 영향을 미치는지 알려줍니다. 중지할 앱이 있다면 '시작 시 영향'을 먼저 확인하세요.

TIP '작업 관리자' 창 오른쪽에 카테고리가 표시되지 않으면 [자세히]를 클릭하세요.

중지할 앱을 선택한 다음 목록 위에 있는 ⊘ 사용 안 함 을 클릭합니다.

사용이 중지된 시작 앱은 '상태' 열에 '사용 안 함'이라고 표시됩니다. 나중에 필요하다면 앱 이름을 선택한 다음 목록 위에 있는 ✓ 사용 를 클릭하면 됩니다.

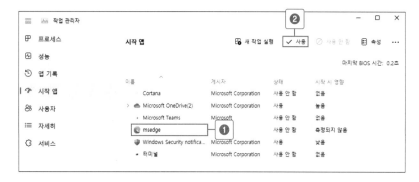

⊞+X를 누른 다음 [작업 관리자]를 선택하면 가장 먼저 '프로세스' 카테고리가 보이면서 현재 실행 중인 앱이 표시됩니다. 오류가 발생해 멈춰버린 앱에는 '응답 없음'이라고 표시되죠. 종료할 앱을 선택한 다음 목록 위에 있는 ⊘ 작업 끝내기 를 클릭하면 즉시 해당 앱이 종료되고 목록에서 사라집니다.

TIP '백그라운드 프로세스' 목록에 있는 앱은 윈도우에서 내부적으로 사용하는 것이기 때문에 강제 종료하면 안 됩니다.

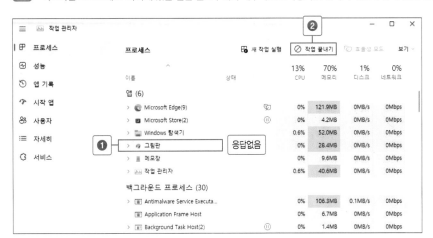

05장

윈도우에서 파일 관리하기

윈도우에서 파일을 관리하는 것은 파일 탐색기에서 이루어집니다. 인터넷이나 휴대폰에서 다운로드한 음악이나 이미지, 컴퓨터에서 직접 만든 문서에 이르기까지 모든 내용은 파일로 저장되므로 윈도우에서 파일을 다루는 것은 가장 기본적이고 중요한 작업입니다. 이번 장에서는 기본적인 파일과 폴더의 개념을 살펴보고 파일 탐색기의 구조와 사용법을 알아보겠습니다.

036 | 파일과 폴더 이해하기

컴퓨터를 잘 다루려면 가장 먼저 '파일(file)'과 '폴더(folder)'의 개념을 이해해야 합니다. 파일과 폴더를 얼마나 잘 다루느냐에 따라 같은 작업을 해도 효율성이 크게 다릅니다.

이론 파일은 정보를 저장하는 최소 단위

엑셀 프로그램을 이용하여 주소록을 만든 뒤, 이 주소록을 컴퓨터에 저장하지 않으면 엑셀 프로그램을 종료하는 순간 이제까지 애써 작성한 주소록은 사라져버립니다. 하지만 주소록을 파일로 저장해 두면 다시 불러와 인쇄할 수도 있고 수정된 내용을 다시 입력할 수도 있습니다.

이렇게 작업한 내용을 컴퓨터에 보관하면 그 내용은 '파일' 형태로 저장됩니다. 예를 들어 엑셀 프로그램에서 작성한 주소록을 '주소록'이라는 이름으로 저장하면 '주소록.xlsx'라는 파일로 저장됩니다.

새로 만들어 저장한 파일 외에도 컴퓨터에는 이미 다양한 종류의 파일이 있습니다. 텍스트 문서뿐만 아니라 디지털카메라로 찍은 사진과 음악도 각각 하나의 파일이고 윈도우나 엑셀 같은 프로그램을 실행할 때도 수십 개의 실행 파일이 필요합니다.

이론 파일명과 확장명

컴퓨터에 저장된 파일은 수백 개에서 수천 개에 이르기까지 아주 많습니다. 그렇다면 어떤 파일은 엑셀 프로그램으로 만든 문서이고, 어떤 파일은 포토샵 프로그램으로 만든 문서인지 어떻게 구분할 수 있을까요?

바로 파일명을 통해서 구분할 수 있습니다. 파일명은 '파일명.확장명'의 형식으로 구성됩니다. 기본적으로 파일 탐색기에서는 파일 확장명이 표시되지 않습니다. 대신 파일 아이콘을 보면 어떤 프로그램을 사용한 파일인지 알 수 있죠.

TIP 파일 탐색기에 확장명을 표시하는 방법에 대해서는 084쪽을 참고하세요

주소록.xlsx
  ❶   **❷** **❸**

❶ **파일명**: 파일을 열어보지 않고도 쉽게 해당 내용을 짐작할 수 있는 이름으로 지정합니다. 한글, 영문, 숫자, -, _를 포함해서 파일명을 지정할 수 있습니다.

❷ **구분점**: 파일명과 확장명을 구분하는 점입니다.

❸ **확장명**: 어떤 형식의 파일인지 나타냅니다.

컴퓨터 파일에는 서로 다른 정보가 들어있고 같은 프로그램을 구성하는 파일이라도 정보의 종류에 따라 다양하게 구분할 수 있습니다. 이렇게 다양한 파일을 종류별로 묶거나 관련 있는 것끼리 모아서 정리해 두면 매우 편리합니다. 마치 서랍마다 용도별로 물건을 구별해서 담아 두는 것과 같죠. 윈도우에서는 저장된 파일을 종류별로 또는 관련 있는 것끼리 모아서 '폴더'라는 가상 공간에 담아 보관하고 각 폴더마다 구분하기 쉽게 이름을 붙여 놓습니다.

파일 탐색기의 왼쪽 창에는 폴더 목록이 표시되는데, 폴더 목록에서 폴더 아이콘 왼쪽에 ⟩ 이 있다면 그 폴더에는 하위 폴더가 있다는 뜻입니다. ⟩ 을 클릭하면 하위 폴더가 표시됩니다.

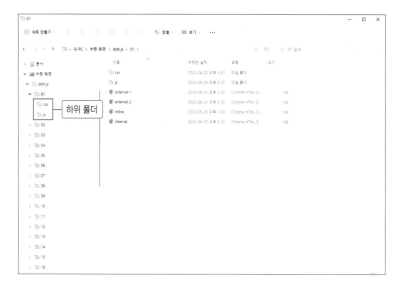

037 | 파일 탐색기 살펴보기

파일 탐색기에는 파일과 폴더 작업을 더욱 쉽게 해주는 다양한 기능이 포함되어 있습니다. 이번에는 파일 탐색기의 각 부분 명칭과 역할을 살펴보겠습니다.

작업 표시줄에 있는 📑를 클릭하거나 ⊞+E를 누르면 파일 탐색기를 실행할 수 있습니다.

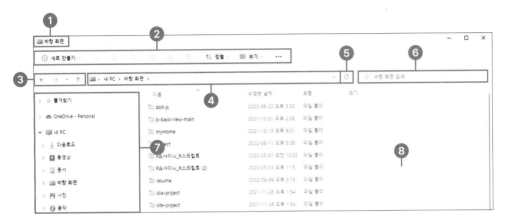

❶ **제목 표시줄**: 현재 파일 목록 창에 내용이 나타나고 있는 폴더의 이름이 표시됩니다.

❷ **메뉴**: 탐색기에서 사용할 수 있는 메뉴들이 표시됩니다. 메뉴 끝에 있는 더보기 아이콘(⋯)을 클릭하면 더 많은 메뉴를 볼 수 있습니다.

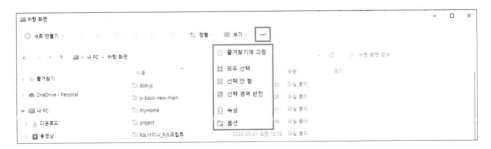

❸ **[뒤로], [앞으로], [위로]**: [뒤로] (←)는 이전 화면으로, [앞으로] (→)는 다음 화면으로, [위로] (↑)는 현재 폴더의 상위 폴더로 이동합니다.

❹ **주소 표시줄**: 현재 파일의 경로가 표시됩니다.

❺ **새로고침**: 현재 폴더를 다시 불러와서 표시합니다.

❻ **검색 상자**: 검색어를 입력해서 현재 폴더에 저장된 파일이나 하위 폴더에서 파일을 검색합니다.

❼ **탐색 창**: 폴더나 라이브러리, PC의 드라이브 등을 쉽게 찾아갈 수 있습니다.

❽ **파일 목록**: 탐색 창에서 폴더를 선택하면 해당 폴더의 내용을 표시합니다.

038 파일 탐색기의 레이아웃 및 정렬 방법 바꾸기

파일 탐색기에서는 파일을 편리하게 관리할 수 있도록 여러 가지 보기 방법이 제공됩니다. 파일 탐색기에서 다양한 레이아웃을 선택하는 방법에 대해 알아보고, 파일의 정렬 방법을 바꾸는 방법도 살펴보겠습니다.

이론 탐색기 레이아웃 바꾸기

탐색기에서 폴더를 클릭하면 폴더 안의 파일 이름과 수정 날짜, 유형, 파일 크기 등 자세한 정보가 표시됩니다. 탐색기 오른쪽 아래 부분에 2개의 아이콘이 있는데 이 아이콘을 이용해 빠르게 레이아웃을 바꿀 수 있습니다. ☰는 '자세히' 형태의 레이아웃을 보여주고, ▱는 아이콘 형태로 보여줍니다.

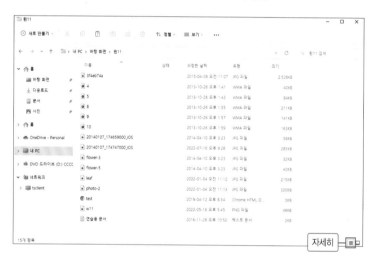

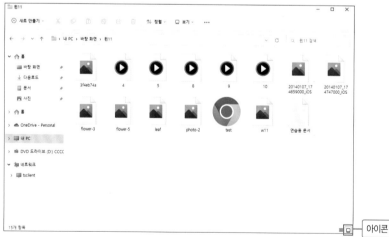

탐색기 메뉴 중 [보기]를 클릭하면 더 많은 선택 항목이 표시됩니다. 탐색기 레이아웃은 크게 목록 형태로 표시하는 것과 아이콘 형태로 표시하는 것으로 나눌 수 있습니다. 그리고 목록 형태의 레이아웃은 다시 파일 정보를 자세히 표시할 것인지, 간단하게 표시할 것인지로 나뉩니다. 아이콘 레이아웃 역시 아이콘 크기에 따라 다양하게 선택할 수 있습니다.

TIP 탐색기 화면에서 Ctrl 를 누른 상태로 마우스의 휠 버튼을 위아래로 움직여도 탐색기 레이아웃을 바꿀 수 있습니다.

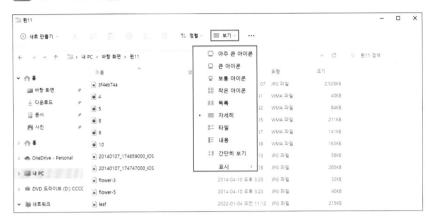

이론 파일 정렬 방법 바꾸기

탐색기 레이아웃이 '자세히'로 선택된 상태에서 파일 목록 창의 파일 목록 윗부분을 보면 '이름'과 '수정한 날짜', '유형', '크기' 등으로 나뉘어 있는데, 이렇게 나뉜 영역을 '열(column)'이라고 합니다.

파일 목록은 파일 이름을 기준으로 정렬된 것이 기본인데 날짜나 파일 유형, 크기 등을 기준으로 정렬할 수도 있습니다. 예를 들어, 최근에 만들어진 파일 순서대로 보고 싶다면 탐색기에서 '수정한 날짜' 열을 클릭합니다. 가장 최근에 만들어진 파일부터 차례로 표시됩니다.

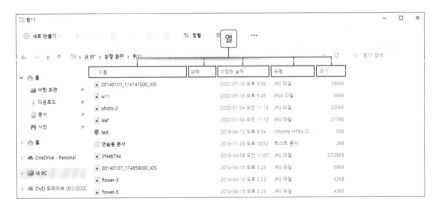

이 외에 '유형'을 클릭하면 같은 파일 유형끼리 정렬할 수 있고, '크기'를 클릭하면 파일 크기 순서대로 정렬할 수 있습니다. 열을 클릭할 때마다 오름차순과 내림차순을 바꿔가며 표시합니다.

039 파일 확장명과 숨긴 항목 표시하기

파일 탐색기에는 파일의 확장명이 표시되지 않는 것이 기본입니다. 확장명이 없더라도 파일 앞에 붙은 아이콘을 보고 어떤 파일인지 구분할 수 있기 때문이죠. 하지만 필요하다면 확장명을 표시할 수 있습니다. 탐색기에 파일 확장명을 표시하는 방법과 숨긴 항목을 화면에 표시하는 방법을 알아보겠습니다.

이론 확장명 표시하기 및 감추기

파일 확장자가 화면에 보이는 것이 편리하다면 탐색기에서 [보기]-[표시]-[파일 확장명]을 선택합니다. 모든 파일에 확장명이 함께 표시됩니다. [보기]-[표시]-[파일 확장명]을 다시 한 번 더 선택하면 확장명을 감출 수 있습니다.

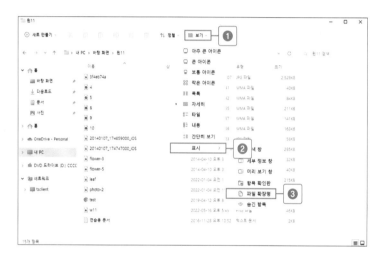

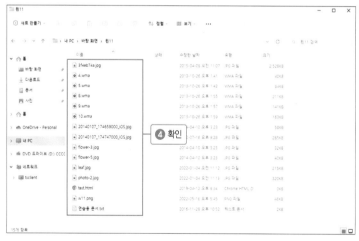

이론 숨긴 항목 표시하기 및 감추기

윈도우 실행에 영향을 주는 중요한 파일은 탐색기에 보이지 않습니다. 실수로 파일을 손상하는 것을 방지하려는 것이죠. 이렇게 화면에 보이지 않는 항목의 내용을 확인해야 할 때가 있습니다. 이럴 때는 숨긴 항목을 탐색기 화면에 표시해야 합니다.

숨긴 항목들이 어떻게 표시되는지 알아보기 쉽도록 우선 C: 드라이브 폴더로 이동하세요. 그리고 탐색기에서 [보기]-[표시]-[숨긴 항목]을 선택합니다.

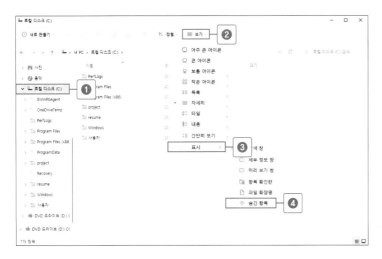

처음과 다른 폴더들이 추가된 것이 보이나요? 일반적인 폴더 아이콘은 ▣처럼 선명한 색이지만 숨긴 항목의 폴더 아이콘은 ▢처럼 희미하게 표시됩니다. 숨긴 항목은 필요할 때 표시해서 사용하고, 사용이 끝나면 다시 [보기]-[표시]-[숨긴 항목]을 선택해서 감춰두는 것이 좋습니다.

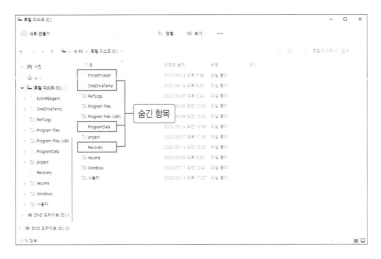

040 | 새로워진 파일 관리 메뉴

탐색기에서 파일을 선택한 다음 복사하거나 붙여넣기, 또는 삭제하기 등 여러 작업을 할 수 있습니다. 윈도우 11에서는 이전 버전과 달리 파일 관리 작업을 간단한 아이콘으로 표시합니다. 파일 관리와 관련된 메뉴 아이콘을 살펴보겠습니다.

탐색기에서 파일을 선택하면 파일 유형에 따라 탐색기에 나타나는 메뉴가 달라집니다.

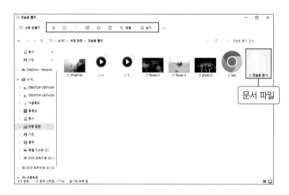

이미지 파일은 기본적인 파일 관리 아이콘 외에 이미지 편집과 배경 지정 메뉴가 추가되죠.

또한 메뉴 오른쪽에 있는 더 보기 아이콘(⋯)을 클릭하면 더 많은 메뉴들을 볼 수 있습니다.

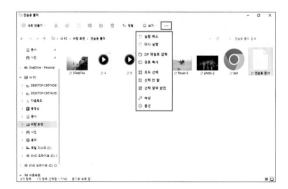

이론 기본적인 파일 관리 메뉴

하나 이상의 파일을 선택했을 때 그 파일을 다루기 위한 아이콘이 탐색기 메뉴 영역에 표시됩니다. 이전 버전에는 메뉴 텍스트가 같이 표시됐지만 윈도우 11에서는 아이콘만 표시되기 때문에 정확한 의미를 알아 두는 것이 좋습니다.

1 잘라내기

2 복사

3 붙여넣기

4 이름 바꾸기

5 공유

6 삭제

파일을 선택한 다음 파일 위에서 마우스 오른쪽 버튼을 클릭해도 같은 파일 관리 아이콘이 표시됩니다.

041 | 실수로 지운 파일 복원하기

파일 탐색기에서 파일을 삭제할 때 [완전히 삭제]를 선택하지 않았으면 삭제한 파일은 '휴지통' 폴더에 저장됩니다. 만약 실수로 중요한 파일을 삭제했어도 완전 삭제하지 않았으면 휴지통 폴더에서 해당 파일을 찾아 원래대로 복원할 수 있습니다.

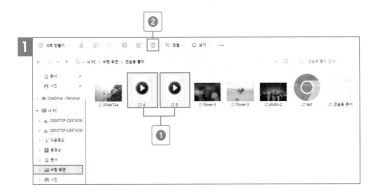

파일 탐색기에서 바탕 화면에 연습용 폴더를 만들고 파일 몇 개를 복사합니다. 그리고 복사한 파일 중에서 아무 파일이나 선택한 다음 🗑을 눌러 파일을 삭제해 보세요.

방금 삭제한 파일은 '휴지통' 폴더로 이동됩니다. 윈도우의 바탕 화면에 있는 [휴지통] 아이콘(🗑)을 더블클릭하세요.

휴지통에는 그동안 삭제된 파일이 많이 저장되었기 때문에 방금 삭제한 파일을 찾기가 어렵습니다. 가장 최근에 삭제된 파일을 쉽게 찾기 위해 [삭제된 날짜] 열 이름을 클릭합니다. 최근에 삭제된 파일 중 복원할 파일을 선택하고 메뉴에서 ↺ 선택한 항목 복원 을 클릭하거나, 파일을 마우스 오른쪽 버튼으로 클릭한 다음 [복원]을 선택합니다.

042 즐겨찾기에 원하는 폴더 고정하기

윈도우를 사용하다 보면 원하는 폴더나 파일을 찾아가기 위해 여러 번 클릭해야 하는 경우가 생깁니다. 자주 사용하는 폴더는 자동으로 파일 탐색기의 '즐겨찾기'에 표시되지만 원하는 폴더를 직접 '즐겨찾기'에 고정할 수도 있습니다. '즐겨찾기'는 탐색기 창 맨 위에 표시되기 때문에 스크롤을 내리거나 몇 번씩 클릭하지 않고도 쉽게 폴더를 선택할 수 있습니다.

'즐겨찾기'에 추가할 폴더를 선택한 다음 [⋯]–[즐겨찾기에 고정]을 클릭합니다.

TIP 폴더를 마우스 오른쪽 버튼으로 클릭한 다음 [즐겨찾기에 고정]을 선택해도 됩니다.

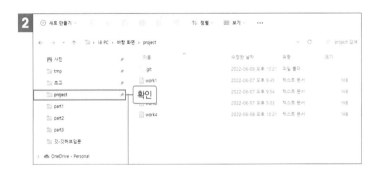

탐색기 창 왼쪽 위에 방금 추가한 폴더가 표시됩니다. 폴더 이름 오른쪽 끝에 📌이 표시된다면 이 폴더는 항상 탐색기 위에 표시됩니다.

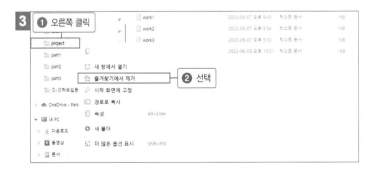

폴더를 '즐겨찾기'에서 제거하려면 해당 폴더를 마우스 오른쪽 버튼으로 클릭한 다음 [즐겨찾기에서 제거]를 선택합니다.

043 | 저장해 둔 파일 검색하기

폴더를 만들어서 분류해도 계속 파일을 저장하다 보면 어디에 저장했는지 몰라 찾아다니는 경우가 종종 있는데, 이 때 파일 탐색기의 검색 기능을 이용하면 편리합니다. 이번에는 간단하게 파일명을 이용해 원하는 파일을 검색하는 방법에 대해 알아보겠습니다.

실습 윈도우 검색 창에서 검색하기

윈도우 검색 기능은 앱뿐만 아니라 파일도 검색할 수 있습니다.

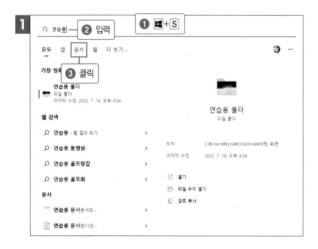

⊞+S를 눌러 검색 창이 나타나면 검색어를 입력합니다. 이 때 Enter는 누르지 마세요. 전체 검색 결과에는 앱을 비롯해 문서, 웹 검색 등 다양한 종류의 파일이 표시됩니다. 검색 결과 위쪽에 있는 [문서]를 클릭합니다.

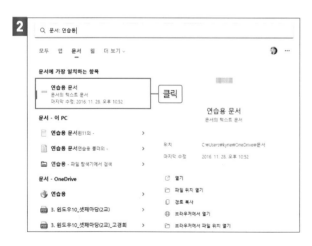

검색어와 관련된 문서 결과만 나타나죠? 파일 이름을 클릭하면 즉시 문서를 열 수 있습니다. 이 외에도 결과 창 오른쪽에 있는 링크를 사용해서 폴더를 열거나 폴더를 복사하는 등 여러 가지 작업을 할 수 있습니다.

파일 탐색기에서 검색하기

파일 탐색기에도 검색 기능이 있습니다. 파일 탐색기의 주소 표시줄 오른쪽에 있는 검색 상자를 클릭하고 검색할 파일명을 입력합니다. 파일명을 입력하는 도중에 입력한 내용에 가장 가까운 결과를 보여주므로, 파일 이름을 선택하면 해당 파일을 즉시 열 수 있습니다.

TIP 파일명 전체를 입력하지 않고 일부분만 입력해도 파일을 쉽게 찾을 수 있습니다.

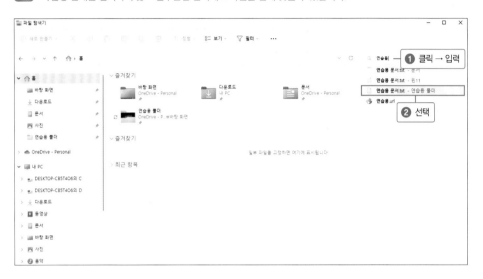

044 | 탐색기에서 파일 압축/해제하기

파일 압축은 여러 개의 파일들을 하나의 파일로 묶는 것을 가리킵니다. 그래서 파일을 압축하면 한꺼번에 여러 개의 파일들을 메일로 전송하거나 다른 저장 장치 또는 폴더로 옮길 때 편리합니다. 그리고 압축한 파일을 원래의 상태로 되돌려 놓는 것을 '압축을 푼다' 또는 '압축을 해제한다'라고 합니다.

실습 파일 압축하기

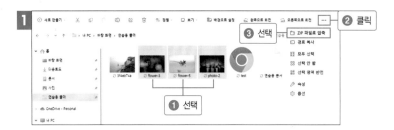

압축할 파일들을 선택한 다음 탐색기 메뉴에서 [···]-[ZIP 파일로 압축]을 선택합니다.

TIP 압축할 파일들을 선택한 다음 마우스 오른쪽 버튼을 클릭하고 [ZIP 파일로 압축]을 선택해도 됩니다.

TIP 압축 파일의 유형은 여러 가지인데, 확장자가 .zip인 파일을 많이 사용하므로 압축 파일을 흔히 ZIP 파일이라고도 합니다.

압축이 완료되면 현재 폴더에 지퍼가 달린 폴더 아이콘(▧)이 만들어지면서, 선택했던 파일 중 하나가 임시 압축 파일 이름으로 지정되어 있습니다. 파일 이름은 수정할 수 있도록 반전되어 있습니다.

압축 파일 이름을 수정한 다음 Enter를 누르면 압축 파일 만들기가 끝납니다. 만들어진 압축 파일을 더블클릭하면 그 안에 어떤 파일이 들어 있는지 확인할 수 있습니다.

TIP 압축 파일 안의 내용을 볼 수 있다고 해서 압축 파일이 해제된 것은 아닙니다.

■■ 압축 파일은 아이콘에 지퍼가 함께 표시되기 때문에 다른 파일과 쉽게 구분할 수 있습니다. 압축할 파일을 선택한 다음 탐색기의 메뉴에서 [압축 풀기]를 클릭합니다.

■■ '압축(Zip) 폴더 풀기' 창이 표시됩니다. 가장 먼저 할 일은 압축 파일 안에 있는 내용을 어디에 풀어놓을 것인지 결정하는 것입니다. 기본적으로 현재 폴더에 새로운 폴더를 만들어서 거기에 압축을 풀게 되는데, 새로 만드는 폴더 이름은 압축 파일 이름을 그대로 사용합니다. 예를 들어, site.zip 파일의 압축을 풀면 현재 폴더에 site라는 폴더를 만들어서 거기에 압축 파일의 내용을 풀어놓습니다. 폴더 지정이 끝나면 [압축 풀기]를 클릭합니다.

TIP 다른 폴더에 압축을 풀고 싶다면 [찾아보기]를 클릭해서 폴더를 지정합니다.

TIP '완료되면 압축을 푼 파일 표시'에 체크하면 압축을 풀어 놓은 내용이 표시됩니다.

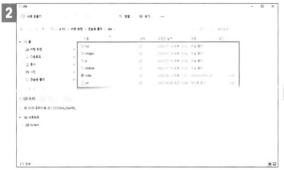

■■ 압축이 풀린 폴더가 자동으로 표시됩니다.

■■ 원래 압축 폴더가 있던 폴더를 살펴보면 압축 파일과 같은 이름을 가진 폴더가 만들어져 있습니다.

WINDOWS
11

업무의 달인으로 만들어 주는 윈도우 11

윈도우 11을 업무에 활용할 때 가장 많이 사용하는 것은 인터넷 서핑과 메일 확인입니다. 인터넷의 웹 사이트를 둘러볼 때 사용하는 웹 브라우저는 인터넷을 사용할 때 가장 중요한 역할을 합니다. 윈도우에는 '마이크로소프트 엣지'라는 브라우저가 설치되어 있지만 실제로 가장 많이 사용하는 '크롬' 브라우저에 대해서 알아보겠습니다. 또한 업무의 가장 기본인 메일을 관리하는 '메일' 앱과 일정 관리를 도와주는 '일정' 앱, 그리고 윈도우 11에 추가된 할 일 관리 앱인 'To Do' 앱도 같이 살펴보겠습니다.

06장

자유롭게 인터넷 사용하기

윈도우 11에서는 최신 웹 표준에 맞춘 새로운 웹 브라우저인 '마이크로소프트 엣지'를 기본 브라우저로 사용합니다. 하지만 아직까지는 사용자가 많지 않죠. 그러면, 사람들이 가장 많이 사용하는 브라우저는 무엇일까요? 바로 구글에서 개발한 '크롬(Chrome)'입니다. 이 장에서는 크롬 브라우저를 설치하는 방법부터 사용하는 방법, 그리고 확장 프로그램을 이용해 조금 더 많은 기능을 사용하는 방법에 대해 알아보겠습니다.

045 | 크롬을 기본 브라우저로 지정하기

크롬 브라우저는 윈도우 11에 기본으로 포함되어 있지 않기 때문에 직접 다운로드해서 설치해야 합니다. 크롬 브라우저를 설치하고 기본 브라우저로 지정하는 방법에 대해 알아봅니다.

실습 크롬 브라우저 설치하기

 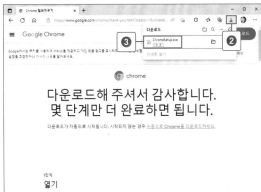

■■ 작업 표시줄에서 █를 클릭해 엣지 브라우저를 실행한 다음 주소 표시줄에 'www.google.co.kr/chrome'을 입력해서 이동합니다. 화면 중앙에 있는 [Chrome 다운로드]를 클릭하세요.

■■ 자동으로 설치 파일이 다운로드 됩니다. 엣지 브라우저 화면 오른쪽 위에 있는 █를 클릭하면 다운로드한 파일에 '파일 열기'라고 표시되어 있습니다. 파일 이름을 클릭하세요.

TIP 파일 다운로드가 진행 중이면 '파일 열기'가 표시될 때까지 잠시 기다리세요.

사용자 계정 컨트롤 창이 표시되면 [예]를 클릭해야 설치를 진행할 수 있습니다.

■▪ 크롬 브라우저 설치가 끝나면 자동으로 크롬 브라우저가 실행됩니다. 화면 위에 나타난 [기본 브라우저로 설정]을 클릭합니다.

■▪ 기본 앱을 지정할 수 있는 설정 앱이 자동으로 실행됩니다. [Chrome] 항목을 클릭합니다.

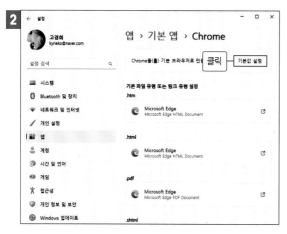
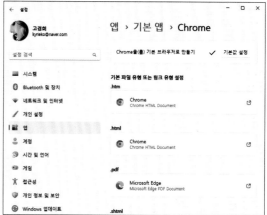

■▪ '기본 파일 유형 또는 링크 유형 설정' 항목에는 모두 엣지 브라우저가 사용되고 있습니다. 'Chrome을(를) 기본 브라우저로 만들기' 옆에 있는 [기본값 설정]을 클릭합니다.

■▪ 이전에 엣지 브라우저로 연결되었던 파일들이 크롬 브라우저로 바뀐 것을 볼 수 있습니다.

046 | 크롬 브라우저 동기화하기

크롬 브라우저는 로그인한 계정을 중심으로 모든 사용 정보가 저장됩니다. 그래서 이미 휴대폰이나 다른 컴퓨터에서 크롬 브라우저를 사용한 적이 있다면 기존 크롬 브라우저의 정보를 동기화해서 사용할 수 있습니다.

크롬 브라우저 오른쪽 위에 있는 사용자 아이콘(▣)을 클릭한 다음 [동기화 사용]을 선택합니다.

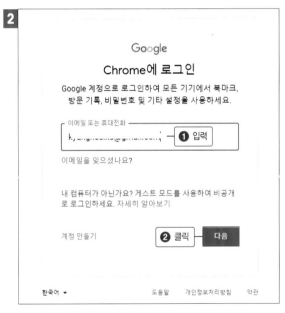

다른 기기에서 사용하던 구글 계정을 입력하고 [다음]을 누르면 비밀번호 입력 창이 표시됩니다. 비밀번호를 입력하고 [다음]을 클릭합니다.

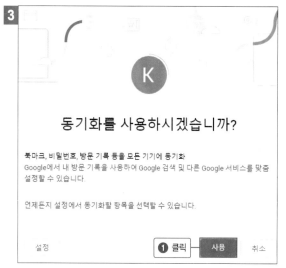

■■ 동기화를 사용할 것인지 묻는 창이 표시되면 [사용]을 클릭합니다.

■■ 로그인에 성공하면 사용자 아이콘이 다른 기기에서 사용하던 계정으로 바뀌면서, 즐겨찾기나 저장된 비밀번호 등을 똑같이 사용할 수 있습니다.

047 | 크롬 브라우저 살펴보기

다른 브라우저를 사용하고 있었다면 크롬 브라우저 화면이 낯설 수 있습니다. 다른 브라우저들과 비슷하지만 조금은 다른 크롬 브라우저 화면에 어떤 정보들이 포함되어 있는지 살펴보겠습니다.

① **제목 표시줄**: 현재 보고 있는 사이트의 제목이 표시됩니다.

② **[새 탭] 버튼(➕)**: 클릭하면 새 탭이 열리면서 다른 사이트를 둘러볼 수 있습니다.

③ **[탭] 버튼(∨)**: 클릭하면 현재 열려 있는 탭과 이전에 닫은 탭을 목록으로 표시합니다. 탭을 검색할 수도 있습니다.

④ **[뒤로] / [앞으로] 버튼(‹ ›)**: 클릭하면 이전 페이지나 다음 페이지로 이동합니다. 버튼을 오래 누르고 있으면 이전 페이지나 다음 페이지가 목록으로 표시됩니다.

⑤ **[페이지 새로 고침] 버튼(⟳)**: 현재 사이트를 다시 불러옵니다.

⑥ **주소 표시줄**: 현재 사이트의 주소가 표시됩니다.

⑦ **[이 페이지 공유] 버튼(⬆)**: 현재 보고 있는 페이지를 다른 기기나 다른 사이트로 공유할 수 있습니다.

⑧ **[현재 탭을 북마크에 추가] 버튼(☆)**: 현재 보고 있는 페이지를 북마크(즐겨찾기)에 추가합니다.

⑨ **[측면 패널 표시] 버튼 (▢)**: 화면 오른쪽에 패널을 열고 읽기 목록이나 북마크를 표시합니다.

⑩ **사용자 아이콘**: 클릭하면 크롬 브라우저에 연결된 사용자 계정 정보를 확인할 수 있습니다.

⑪ **[Chrome 맞춤설정 및 제어] 버튼 (⋮)**: 크롬과 관련된 다양한 설정을 할 수 있습니다.

048 | 바로 가기 관리하기

크롬 브라우저를 사용하다가 새 탭을 열면 화면에 '바로 가기' 아이콘이 표시됩니다. 굳이 주소를 주소 표시줄에 입력하거나 북마크를 열지 않더라도 자주 가는 사이트에 쉽게 접속할 수 있어서 편리한 기능입니다. 크롬 브라우저에 '바로 가기'를 추가하거나 삭제하는 방법을 알아봅니다.

실습 바로 가기 추가하기

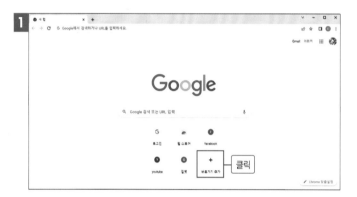

'바로 가기'를 따로 설정하지 않더라도 크롬 브라우저를 사용하면서 자주 접속하는 사이트들은 자동으로 '바로 가기'에 추가됩니다. 하지만 사용자가 직접 원하는 사이트를 추가할 수도 있죠. '바로 가기' 아이콘 중 가장 오른쪽에 있는 [바로 가기 추가]를 클릭합니다.

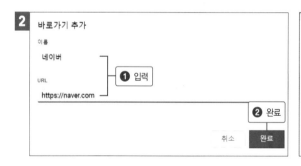

추가하려는 사이트의 이름과 사이트 주소를 입력하고 [완료]를 클릭하면 즉시 '바로 가기'에 추가됩니다.

크롬 브라우저의 새 탭에는 '바로 가기'가 10개까지만 표시되므로 자주 사용하지 않는 '바로 가기' 아이콘은 화면에서 지워야 다른 '바로 가기'를 추가할 수 있습니다.

'바로 가기'를 삭제하려면 '바로 가기' 아이콘 위로 마우스 커서를 올린 다음 아이콘 오른쪽 위에 나타나는 ⋮를 클릭하고 [삭제]를 선택합니다.

만약 '바로 가기'를 잘못 삭제했을 경우 삭제 직후 나타나는 [실행 취소]를 클릭하면 됩니다.

103

049 북마크 추가하기 및 삭제하기

'북마크(bookmark)'란 자주 가는 사이트의 주소를 모아 놓은 것으로 '즐겨찾기'라고도 합니다. 크롬 브라우저에서 원하는 사이트를 북마크에 추가하는 방법을 알아보겠습니다.

실습 북마크 추가하기

■■ 북마크에 추가하고 싶은 사이트로 이동한 다음 주소 표시줄 오른쪽 끝에 있는 [현재 탭을 북마크에 추가] 버튼(☆)을 클릭합니다. '북마크 추가됨' 창이 열리면서 '이름'에 현재 보고 있는 페이지의 제목이 표시됩니다. 북마크가 저장되는 폴더는 '북마크바'가 자동으로 선택되어 있습니다. [완료]를 클릭합니다.

■■ 저장된 북마크를 확인하려면 [Chrome 맞춤설정 및 제어] 버튼(⋮)을 클릭한 다음 [북마크]를 선택하세요. 북마크한 사이트 이름이 표시됩니다.

실습 폴더를 만들어서 추가하기

자주 가는 사이트를 북마크로 추가하면 기본적으로 '북마크바'에 추가되는데, 방문 목적이나 사이트 종류에 따라 여러 개의 폴더로 나누어서 북마크를 저장할 수 있습니다.

북마크를 추가할 사이트에서 [현재 탭을 북마크에 추가] 버튼(☆)을 클릭하면 사이트 이름과 함께 저장될 폴더가 '북마크바'로 표시됩니다. '북마크바'를 클릭한 다음 [다른 폴더 선택]을 선택합니다.

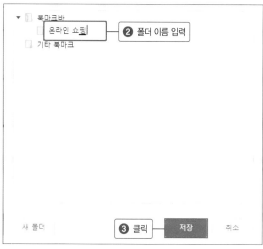

[새 폴더]를 클릭하면 '북마크바' 폴더 아래에 폴더가 만들어집니다. 여기에 원하는 폴더 이름을 입력한 다음 [저장]을 클릭합니다.

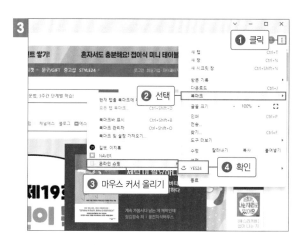

[Chrome 맞춤설정 및 제어] 버튼(⋮)을 클릭한 다음 [북마크]를 선택하면 방금 만든 폴더가 표시되고 폴더 이름 위로 마우스 커서를 올리면 해당 폴더에 저장된 북마크를 볼 수 있습니다.

이론 현재 사이트를 북마크에서 삭제하기

더 이상 북마크를 사용하지 않을 사이트는 북마크에서 제거할 수 있습니다. 북마크에 추가된 사이트는 주소 표시줄 오른쪽 끝에 ★가 표시돼서 북마크된 사이트임을 알 수 있습니다.

★를 클릭한 다음 [삭제]를 클릭하면 해당 사이트의 북마크를 삭제할 수 있습니다.

050 | 북마크 관리하기

북마크를 자주 사용한다면 브라우저 창에 계속 표시해 놓는 것이 편리하겠죠? 북마크바와 북마크 패널을 표시하는 방법을 알아보겠습니다. 또한 북마크 관리자를 사용해 북마크를 관리하는 방법에 대해 알아보겠습니다.

이론 북마크바 표시하기

북마크를 자주 사용한다면 브라우저 창에 북마크바가 계속 나타나도록 지정할 수 있습니다. [Chrome 맞춤설정 및 제어] 버튼(⋮)을 클릭한 다음 [북마크]-[북마크바 표시]를 선택합니다.

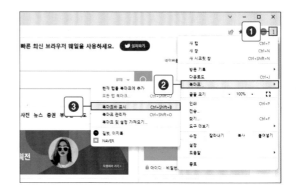

북마크바는 브라우저 창의 맨 위에 표시되기 때문에 매일 반복하는 사이트를 추가해 두면 좋습니다. 북마크바 안에 폴더가 있을 경우 폴더 이름을 클릭하면 해당 폴더 안의 북마크를 볼 수 있습니다.

이론 항상 북마크 패널 표시하기

크롬 브라우저의 주소 표시줄 오른쪽에 있는 ▣를 클릭하면 브라우저 창 오른쪽에 패널이 표시되는데, [북마크] 탭을 클릭하면 북마크바를 비롯해서 모든 북마크를 한눈에 볼 수 있습니다. 이 패널을 계속 표시해 두면 북마크를 사용해서 인터넷을 사용하기 편리합니다.

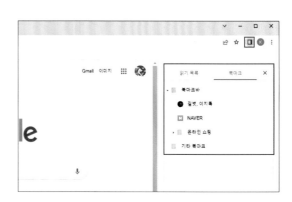

이론 북마크 관리자

[Chrome 맞춤설정 및 제어] 버튼(⋮)을 클릭한 다음 [북마크]-[북마크 관리자]를 선택하면 새 탭이 열리면서 북마크가 모두 표시됩니다.

북마크가 너무 많거나 폴더 안에 들어 있어서 사이트를 찾기 쉽지 않을 경우, 맨 위에 있는 북마크 검색 창에 사이트 이름 일부를 입력해서 북마크를 검색할 수 있습니다.

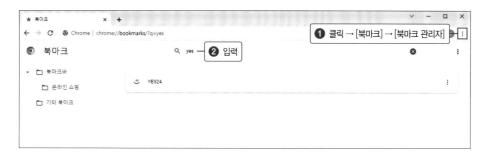

나열되어 있는 북마크를 클릭한 다음 위아래로 움직이면서 파란색 가로줄이 나타났을 때 마우스 버튼에서 손을 떼면 그 위치로 북마크를 옮길 수도 있습니다.

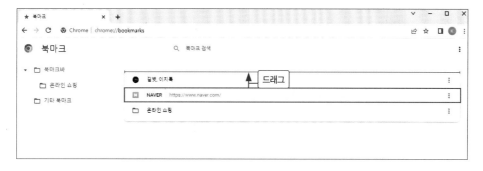

북마크 항목 끝에 있는 [추가 작업] 버튼(⋮)을 클릭하면 편집이나 삭제뿐만 아니라 다양한 작업을 할 수 있습니다.

051 | 자주 가는 사이트를 시작 그룹으로 지정하기

브라우저를 시작했을 때 처음 열리는 화면을 '홈페이지'나 '시작 페이지'라고 하는데 크롬에서는 '시작 그룹'이라고 합니다.
'시작 그룹'은 기본 화면 그대로 사용할 수도 있고 사용자가 자주 방문하는 사이트로 지정할 수도 있습니다.

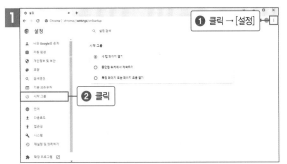 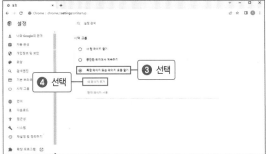

■■ [Chrome 맞춤설정 및 제어] 버튼(⋮)을 클릭한 다음 [설정]을 선택합니다. '설정' 화면에서 아래로 내린 다음 '시작 그룹'을 클릭합니다. '새 탭 페이지 열기'가 기본으로 선택되어 있습니다.

■■ [특정 페이지 또는 페이지 모음 열기]를 선택한 다음 아래의 [새 페이지 추가]를 선택합니다.

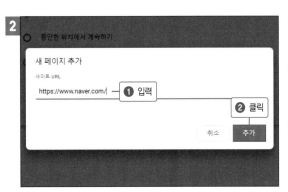 

■■ 시작 그룹으로 사용할 사이트 주소를 입력하고 [추가]를 클릭합니다. 수정한 내용은 따로 저장하지 않아도 자동으로 저장됩니다. 페이지가 추가된 것을 확인하고 창을 닫습니다.

■■ 크롬 브라우저 창을 완전히 닫았다가 다시 열면 시작 그룹으로 지정한 사이트가 가장 먼저 열립니다.

052 | 기본 검색 엔진 바꾸기

크롬 브라우저에서는 기본 검색 엔진으로 Google을 사용합니다. 검색 결과가 만족스럽지 않거나 국내 검색 사이트에서 검색한 결과를 보고 싶다면 크롬 브라우저의 검색 엔진을 바꿀 수 있습니다.

■▨ 먼저 크롬 브라우저에서 검색 엔진이 어떻게 동작하는지 알아보겠습니다. 브라우저의 주소 표시줄에 검색할 단어를 입력하고 Enter를 누릅니다.

■▨ 구글(Google) 사이트로 연결되면서 검색 결과를 보여줍니다.

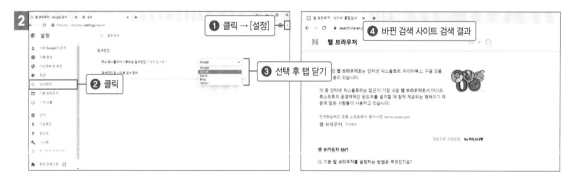

■▨ [Chrome 맞춤설정 및 제어] 버튼(⋮)을 클릭한 다음 [설정]을 선택합니다. 설정 창의 '검색엔진' 항목에 'Google'이 기본 선택되어 있습니다. 목록에서 '네이버'와 'Daum' 중 원하는 사이트를 선택합니다. 설정 값은 따로 저장하지 않고 설정 화면이 있는 탭을 닫으면 됩니다.

■▨ 다시 한번 주소 표시줄에 검색어를 입력한 다음 Enter를 누릅니다. 바뀐 검색 사이트에서 검색한 결과를 보여줍니다.

053 자동 저장한 비밀번호 찾기

로그인이 필요한 사이트에 접속할 때 매번 비밀번호를 입력하는 것이 번거로워 비밀번호를 저장하고 자동 로그인하는 경우가 많습니다. 그런데 간혹 비밀번호를 확인해야 할 때가 있습니다. 크롬 브라우저에서는 자동으로 저장해 놓은 비밀번호를 확인할 수 있습니다.

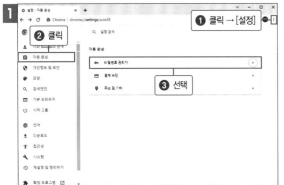 

■■ [Chrome 맞춤설정 및 제어] 버튼(⋮)을 클릭한 다음 [설정]-[자동 완성]을 차례로 선택합니다. 비밀번호 확인을 위해 [비밀번호 관리자]를 클릭합니다.

■■ 자동 로그인을 설정한 사이트와 사용자 이름이 표시되는데 비밀번호를 감춘 상태이기 때문에 비밀번호는 *****으로 표시되어 있습니다. 비밀번호를 확인하기 위해 [비밀번호 표시] 버튼(👁)을 클릭합니다.

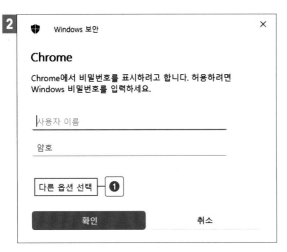 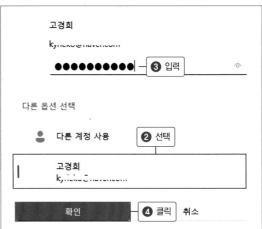

■■ 비밀번호를 확인하려면 인증된 컴퓨터 사용자인지를 확인해야겠죠? [다른 옵션 선택]을 클릭합니다.

■■ 윈도우에 접속할 때 사용한 계정을 선택한 다음 비밀번호를 입력하고 [확인]을 클릭합니다.

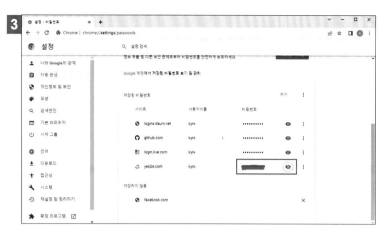

[비밀번호 표시] 버튼()이 [비밀번호 감추기] 버튼()으로 바뀌고 비밀번호가 표시됩니다. 비밀번호를 확인한 후에는 [비밀번호 감추기] 버튼()을 클릭하거나 설정 탭을 닫아서 비밀번호를 다시 감추는 것이 좋습니다.

054 | 인터넷 사용 기록 삭제하기

한 대의 컴퓨터를 다른 사람과 함께 사용하거나 다른 사람의 컴퓨터에서 사용한 인터넷 기록을 남기고 싶지 않다면 저장된 인터넷 사용 정보를 삭제할 수 있습니다.

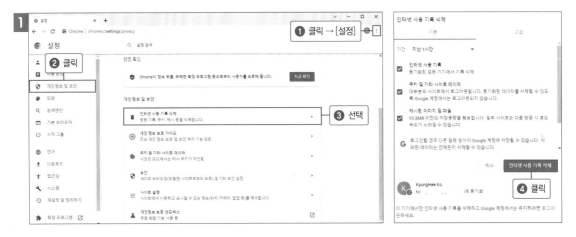

■■ [Chrome 맞춤설정 및 제어] 버튼(⋮)을 클릭한 다음 [설정]-[개인정보 및 보안]-[인터넷 사용 기록 삭제]를 차례로 선택합니다.

■■ '인터넷 사용 기록 삭제' 대화상자에서 [인터넷 사용 기록 삭제]를 클릭하면 최근 1시간 동안의 항목을 삭제할 수 있습니다.

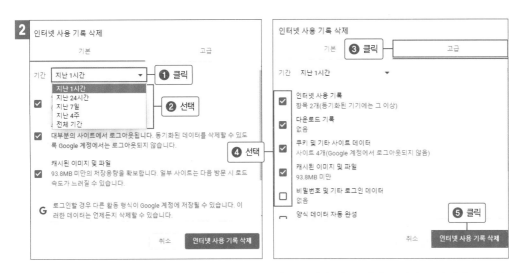

■■ 삭제할 기간을 좀 더 길게 바꾸려면 [지난 1시간]을 클릭한 다음 원하는 시간을 선택할 수 있습니다.

■■ 기본 선택되어 있는 항목 외에 더 많은 항목을 삭제하고 싶다면 [고급] 탭을 클릭합니다. 삭제할 기간뿐만 아니라 비밀번호나 방문했던 사이트 등 여러 항목을 선택해서 삭제할 수 있습니다.

055 | 외국 사이트 번역해서 보기

인터넷을 사용하다 보면 외국 사이트에 접속해야 할 경우가 있습니다. 필요한 내용이 있는데 외국어에 익숙하지 않다면 크롬 브라우저의 '번역' 기능을 이용해 보세요. 완벽한 번역은 아니지만 어떤 내용인지 이해하는 데 도움이 될 것입니다. 일본어 사이트의 경우 번역이 잘 되는 편이지만 영문 사이트의 경우 어색한 곳이 많다는 것도 기억해 두세요.

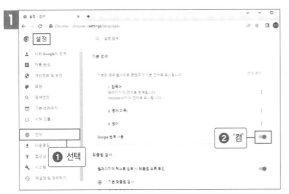 

■■ 크롬 브라우저의 [설정]-[언어] 항목을 차례로 선택한 다음 'Google 번역 사용' 항목을 켜놓습니다.

■■ 이제부터 외국어로 된 사이트에 접속하면 자동으로 한글로 번역할 것인지 묻는 대화상자가 주소 표시줄에 나타납니다. [한국어]를 클릭합니다.

한국어로 번역된 페이지   원래 언어로 되돌리기

■■ 자동으로 한국어로 번역해서 보여줍니다. 매끄러운 번역은 아니겠지만 전체적으로 내용을 훑어볼 수 있어서 편리합니다.

■■ 다시 원래 언어로 표시하고 싶다면 주소 표시줄 끝에 있는 🔤 을 클릭한 다음 원래 언어를 클릭합니다. 영문 사이트일 경우 [영어]를 선택하면 원래 언어로 표시됩니다.

113

07장

업무의 기본은
메일 관리부터

윈도우 11의 '메일' 앱을 이용하면 여러 개의 메일 계정을 한곳에서 관리할 수 있고 언제든지 계정을 전환하며 메일 업무를 처리할 수 있습니다. 또한 '일정' 앱과도 연결되어 있어서 메일을 확인하면서 일정을 추가하기도 편리합니다.

056 메일 계정 추가하기

'메일' 앱에 사용 중인 메일 계정을 등록해 두면 한번에 모든 계정의 메일을 확인하고 관리할 수 있습니다. 구글 메일 계정을 사용할 때와 국내 메일 계정을 추가할 때 약간 다릅니다.

⊞+Ⓢ를 눌러 윈도우 검색 창이 표시되면 '메일'을 검색해서 '메일' 앱을 실행합니다. 메일 앱을 자주 사용한다면 작업 표시줄에 추가해 두는 것이 좋겠죠?

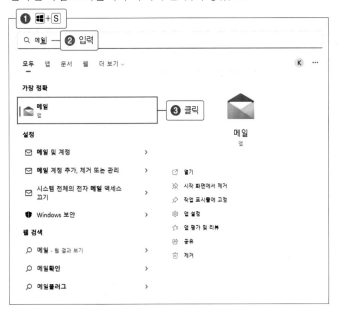

'메일' 앱을 처음 사용할 경우 가장 먼저 메일 계정을 추가하기 위한 화면이 표시됩니다.

메일 계정 추가 화면

115

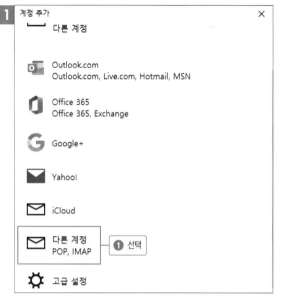

■■ 국내에서는 '네이버 메일'이나 '다음 메일'을 많이 사용하죠? '메일' 앱에 국내 메일 계정을 추가하려면 계
정 추가 화면에서 [다른 계정]을 선택합니다.

■■ 사용할 메일 주소와 이름, 암호를 차례로 입력한 다음 [로그인]을 클릭합니다.

메일 계정이 추가되면 [완료]를 클릭합니다.

TIP 휴대폰에서도 윈도우와 똑같은 계정으로 메일을 사용하고
싶다면 화면에서 소개하는 '아웃룩' 앱을 다운로드해서 설치하면
됩니다.

실습 구글 계정 추가하기

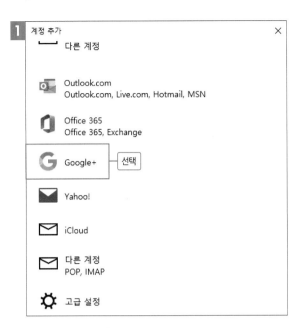

구글 계정은 앞에서 살펴본 국내 메일 계정과 달리 사서함 형태로 구글 서비스와 연결됩니다. 구글 계정을 추가하려면 [계정 추가]를 선택한 다음 계정 종류 목록에서 [Google+]를 선택합니다.

메일 주소와 암호를 차례로 입력하고 [다음]을 클릭합니다.

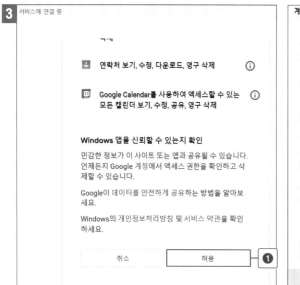

구글 계정에 액세스하려 한다는 창이 표시되면서, '메일' 앱에서 구글 계정의 어떤 정보를 가져와서 사용하는지 알려줍니다. [허용]을 클릭합니다. 계정 추가가 끝나면 [완료]를 클릭합니다.

TIP 구글 계정에서 2단계 인증을 사용하고 있다면 휴대폰 문자 메시지로 전송된 인증 문자를 입력해야 합니다.

메일 계정 추가가 끝나면 해당 계정에서 가져온 메일이 '메일' 앱에 표시됩니다.

057 | 메일 계정 관리하기

'메일' 앱에 여러 개의 메일 계정을 추가해서 사용할 수 있는데, 간혹 불필요한 계정을 삭제하거나 암호를 바꿔야 할 경우가 있습니다. '메일' 앱에서 메일 계정을 관리하는 방법을 살펴보겠습니다.

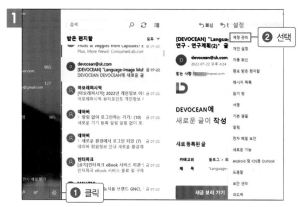

'메일' 앱의 왼쪽 아래 부분에는 앱에서 사용할 수 있는 기능이 아이콘으로 표시되어 있습니다. 그중 [설정](⚙)을 클릭합니다. 앱 화면 오른쪽에 나타난 설정 창에서 [계정 관리]를 선택합니다.

삭제하거나 암호를 변경할 메일 계정을 클릭합니다.

암호를 바꾸려면 '계정 설정' 창에서 '암호'란에 새로운 암호를 입력하고 [저장]을 클릭합니다.

만일 메일 계정을 완전히 삭제하려면 '계정 삭제'를 클릭한 다음, 확인 창이 표시되면 다시 한 번 [삭제]를 클릭합니다.

058 | 메일 앱 살펴보기

'메일' 앱은 크게 세 개의 화면으로 나뉘어 있습니다. 화면의 맨 왼쪽에는 계정을 선택하거나 새 메일을 보내는 등 기본 메뉴가 있고 가운데 화면에는 받은 편지함에 있는 메일 목록이, 오른쪽 화면에는 선택한 메일의 내용이 표시됩니다.

메뉴

메일 목록

메일 메시지 내용

- **메뉴**: 사용자 계정을 선택하거나 메일 앱의 기본 메뉴를 표시합니다. 메뉴에 대한 자세한 내용은 122쪽을 참고하세요.

- **메일 목록**: 선택한 사용자 계정의 메일을 목록으로 표시합니다. 메일 목록에 대한 자세한 내용은 123쪽을 참고하세요.

- **메일 메시지 내용**: 메일 목록에서 선택한 메일의 내용을 표시합니다. 메일 메시지 내용에 대한 자세한 내용은 124쪽을 참고하세요.

메일 앱을 실행한 화면 너비에 따라 앱 화면 왼쪽에 있는 메뉴 영역은 확장된 형태로 표시되기도 하고 축소된 형태로 표시되기도 합니다.

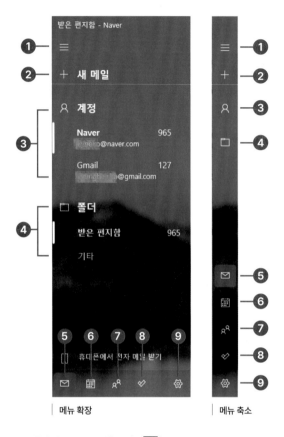

| 메뉴 확장 | 메뉴 축소 |

❶ **[확장] / [축소] 버튼(☰)**: 메일 앱 화면의 너비를 확장하거나 축소합니다. 받은메일함 화면을 넓게 보고 싶을 때 클릭하면 왼쪽 창의 메뉴 창이 축소됩니다. 한 번 더 클릭하면 왼쪽에 메뉴 창이 확장됩니다.

❷ **[새 메일] 버튼(+)**: 클릭하면 새 메일을 쓸 수 있습니다.

❸ **계정(🗛)**: '메일' 앱에 추가한 메일 계정들이 나열됩니다. 메일 계정을 클릭하면 해당 계정의 메일만 볼 수 있습니다. 메뉴 영역이 확장된 상태에서 [계정](🗛 계정)을 클릭하면 '계정 관리' 창이 표시됩니다. 한 번 더 [계정]을 클릭하면 사라집니다.

❹ **폴더(🗀)**: 메일 계정의 편지함을 목록 형태로 나열합니다. 메뉴 영역이 확장된 상태에서 [폴더](🗀 폴더)를 클릭하면 편지함 전체를 열거나 닫을 수 있습니다.

❺ **[받은 메일함] 버튼(✉)**: '일정' 앱이나 '피플' 앱에서 클릭하면 즉시 '메일' 앱으로 이동합니다.

❻ **[일정으로 전환] 버튼(🗓)**: 메일을 보다가 일정을 저장하거나 수정할 수 있도록 '일정' 앱을 실행합니다.

❼ **[피플로 전환] 버튼(🗛)**: 메일과 연락처를 연결해서 사용할 수 있도록 '피플' 앱을 실행합니다.

❽ **[할 일로 전환] 버튼(✓)**: 할 일 목록을 관리하는 'To Do' 앱을 실행합니다.

❾ **[설정] 버튼(⚙)**: 메일 계정이나 메시지 관리를 위한 설정 창이 표시됩니다.

❶ **검색 창**: 받은 편지함의 메일 내용이나 보낸 사람 등을 검색할 수 있습니다.

❷ **[이 보기 동기화] 버튼**(⟳): 메일 서버에 있는 메일을 사용자 컴퓨터로 가져옵니다.

❸ **[선택 모드 켜기] 버튼**(☰): 메일 항목을 선택할 수 있도록 각 항목 앞에 체크 박스를 표시합니다.

❹ **메일 정렬 방법**: 메일의 정렬 방법을 선택할 수 있습니다. 읽지 않은 메일만 표시할 수도 있고 날짜순으로 정렬할 수도 있습니다.

❺ **메일 목록**: 메일 계정의 메일을 가져와 표시합니다. 읽지 않은 메일은 제목이 진하게 표시됩니다.

이론 메일 메시지 내용

❶ **[회신] 버튼**(↩회신): 현재 메일을 보낸 사람에게 답장을 보냅니다.

❷ **[전체 회신] 버튼**(↩전체 회신): 현재 메일에 참조가 포함되어 있으면 그 사람까지 포함해서 답장을 보냅니다.

❸ **[전달] 버튼**(→전달): 현재 메일 전체를 다른 사람에게 보냅니다.

❹ **[삭제] 버튼**(🗑삭제): 현재 메일을 삭제합니다.

❺ **[동작] 버튼**(⋯): 클릭하면 더 많은 메뉴를 볼 수 있습니다.

❻ **[새 창에서 메시지 열기] 버튼**(🗗): 메일 앱의 메시지 보기 화면이 좁을 경우 이 버튼을 클릭하면 새 창이 열리면서 메뉴나 메일 목록 없이 메시지 내용만 볼 수 있습니다.

✓ **잠깐만요** **[동작](⋯) 메뉴에서 할 수 있는 추가 작업**

- **플래그 설정**: 중요한 메일에 깃발(🏴)을 표시해서 나중에 쉽게 찾아볼 수 있게 합니다.
- **읽지 않은 상태로 표시**: 현재 메일 메시지를 읽은 상태나 읽지 않은 상태로 바꿉니다.
- **이동**: 현재 메일을 다른 편지함으로 옮깁니다.
- **정크 메일로 이동**: 정크 메일이란 원하지 않는데 받게 되는 메일을 가리킵니다. 흔히 스팸 메일이라고도 하죠. 현재 메일을 정크 메일로 이동하면 다음부터 현재 메일을 보낸 사람이 보낸 메일은 자동으로 정크 메일로 처리됩니다.
- **이전, 다음**: 메일 목록에 있는 이전 메일이나 다음 메일로 이동합니다.
- **찾기**: 현재 메일 메시지 안에서 원하는 내용을 검색합니다.
- **다른 이름으로 저장**: 현재 메일 메시지를 .elm 파일로 저장합니다. .elm 파일은 '아웃룩'과 같은 메일 관리 앱이 설치되어 있을 경우 해당 앱에서 열리고, 다른 메일 관리 앱이 없다면 '메일' 앱에서 열립니다.
- **인쇄**: 현재 메일을 인쇄합니다.
- **확대/축소**: 현재 메일을 확대하거나 축소해서 볼 수 있습니다.

→ 전달 🗑 삭제 ⋯
🏴 플래그 설정
✉ 읽지 않은 상태로 표시
📁 이동
📁 정크 메일로 이동
‹ 이전
› 다음
🔍 찾기
🗐 다른 이름으로 저장
🖨 인쇄
🔍 확대/축소

059 | 새 메일 가져오기 및 메일 읽기

'메일' 앱은 실행할 때마다 연결된 계정의 메일 서버에서 새로운 메일을 가져와서 보여줍니다. 사용자가 필요할 때마다 메일 서버에서 메일을 가져오는 방법을 알아봅니다.

이론 · 새 메일 가져오기

메일 서버에서 메일을 가져오는 것을 '메일 동기화'라고 합니다. 받은 편지함 목록 위에 있는 [이 보기 동기화] 버튼(🔄)을 클릭하면 메일 목록 윗부분에 파란색 점이 움직이면서 동기화가 진행됩니다. 동기화가 끝나면 새롭게 도착한 메일이 목록에 표시됩니다.

이론 · 메일 읽기

받은 편지함 목록에서 메일 제목이 굵게 표시되는 것은 아직 읽지 않은 메일이고, 제목이 보통 굵기로 표시된 것은 이미 읽은 메일이라는 뜻입니다.

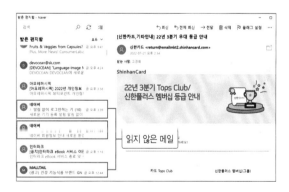

메일 목록에서 내용을 보고 싶은 항목을 클릭하면 오른쪽 창에 메일의 내용이 표시됩니다. 메일 내용을 조금 더 큰 화면에서 보고 싶다면 메시지 창 오른쪽 위에 있는 [새 창에서 메시지 열기] 버튼(🗗)를 클릭합니다.

125

메일 목록 없이 메시지만 표시되므로 내용을 살펴
보기 쉽습니다. 새 창에 열린 메시지는 창 닫기 버
튼(❌)을 클릭해서 닫으면, 다시 받은 편지함 목
록으로 되돌아갑니다.

이론 **메일의 첨부 파일 열기/저장하기**

파일이 첨부된 메일은 메일 목록에 작은 클립 아이콘(📎)이 표시됩니다. 첨부 파일이 있는 메일을 열면, 첨
부 파일이 이미지 파일일 경우 미리 볼 수 있는 작은 이미지가 표시되고, 일반 파일일 경우 파일 이름이 표시
됩니다.

메일에 첨부된 이미지 파일을 클릭하면 연결된 앱이 실행되면서 파일 내용을 볼 수 있습니다. 첨부 파일을
다운로드해서 저장하고 싶다면 첨부 파일을 마우스 오른쪽 버튼으로 클릭하고 [저장]을 선택합니다.

060 | 중요한 메일에 표시해 두기

받은 편지함의 수많은 메일 중 중요한 메일을 찾기 어려울 때가 있었죠? 이때 중요한 메일에 '플래그(깃발)'를 표시해 놓으면 찾기 편리할 뿐 아니라 나중에 따로 관리하고 정리하기도 쉽습니다.

이론 메일 메시지 창에서 중요 메일 표시하기

메일을 읽다가 중요한 메일에 플래그를 표시하려면 메시지 창 위쪽에 있는 [플래그 설정] 버튼(⚐ 플래그 설정)을 클릭합니다. 반대로 플래그를 지우려면 [플래그 지우기] 버튼(⚐ 플래그 지우기)을 클릭합니다.

> **TIP** [플래그 설정] 버튼이 보이지 않는 경우 [동작] 버튼(⋯)을 클릭하면 그 안에 포함되어 있습니다.

플래그 설정하기

플래그 지우기

받은 편지함 목록에서 플래그를 지울 때는 메일 제목 옆에 있는 ⚐ 위로 마우스 커서를 올리고 [플래그 지우기] 아이콘(⚑)으로 바뀌면 클릭합니다.

이론 받은 편지함 목록에서 중요 메일 표시하기

메일을 가져온 후 받은 편지함에 있는 메일이 많을 경우에는 메일 제목만 훑어보고 필요한 메일만 살펴보게 됩니다. 이 때 메일 제목만 보고도 중요한 메일을 알 수 있다면 메일 목록에서 플래그를 표시할 수도 있습니다.

받은 편지함 목록에서 플래그를 표시하려면, 메일 제목 위로 마우스 포인터를 가져갔을 때 제목 오른쪽에 나타나는 작은 아이콘 중에서 [플래그 설정] 아이콘(⚐)을 클릭합니다. 아이콘이 ⚐으로 바뀝니다. 받은 편지함 목록에서 메일 제목 오른쪽에 ⚐이 표시되어 있다면 이 메일은 중요하다고 플래그를 설정한 것입니다.

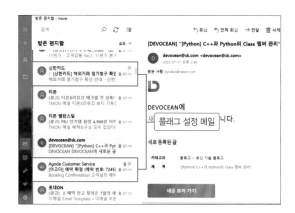

이론 중요한 메일만 골라보기

플래그를 설정해 놓은 메일들은 받은 편지함 목록
에서 노란색으로 표시되기 때문에 다른 메일들과
쉽게 구별할 수 있습니다.

플래그를 설정한 메일만 골라서 볼 수도 있습니다. 받은 편지함 목록 위에 있는 [모두]를 클릭한 다음 [플래그
있음]을 선택하면 받은 편지함 목록에서 플래그가 붙은 메일만 보여줍니다.

TIP 이렇게 특정 조건에 맞는 메일만 골라내는 것을 필터링이라고 하고, 이런 조건을 필터라고 합니다.

061 | 메일을 보내는 여러 가지 방법

'메일' 앱에서는 메일을 가져오는 것뿐만 아니라 새로운 메일을 작성해서 보낼 수도 있고, 받은 메일에 답장을 하거나 받은 메일을 다시 다른 사람에게 전달할 수도 있습니다. '메일' 앱을 이용해서 메일을 보내는 다양한 방법에 대해 알아보겠습니다.

이론 **새 메일 작성하기**

'메일' 앱의 장점 중 하나는 여러 메일 계정 중에서 필요할 때마다 원하는 계정을 손쉽게 선택해서 관리할 수 있다는 것입니다.

메뉴 영역이 축소되어 있다면 ☰를 눌러 메뉴 영역을 확장합니다. 등록한 메일 계정이 여러 개라면 '계정' 아래에 메일 계정이 모두 표시됩니다. 우선 메일을 보낼 계정을 선택한 다음 [새 메일]을 클릭합니다.

'보낸 사람'에는 선택한 메일 계정이 자동으로 입력되어 있습니다. 받는 사람의 메일 주소와 내용을 입력하고 [보내기] 버튼(▷ 보내기)을 클릭하면 간단히 메일을 보낼 수 있습니다. 메일 작성을 취소하려면 [취소] 버튼(🗑 취소)을 클릭합니다.

같은 내용의 메일을 여러 사람에게 보내려면 받는 사람 항목에 쉼표(,)나 세미콜론(;)으로 구분하여 여러 개의 메일 주소를 입력합니다. 그러면 동시에 여러 사람에게 같은 메일을 보낼 수 있습니다.

TIP 메일 작성 창 아래의 'Windows용 메일에서 발송된 메일입니다.'라는 내용은 '메일' 앱에서 기본적으로 사용하는 '서명'입니다. 서명을 추가하는 방법은 133쪽을 참고하세요.

업무 중 메일을 작성하다 보면 메일을 받는 당사자 외에 업무와 관련된 다른 사람도 함께 메일을 검토해야 할 경우가 있죠. 이럴 때는 '참조'와 '숨은 참조'를 이용할 수 있습니다.

새 메일을 작성할 때 '받는 사람' 항목 오른쪽에 있는 [참조 및 숨은 참조] 버튼(참조 및 숨은 참조)을 클릭하면 메일을 참조할 사람들의 메일 주소를 추가할 수 있습니다.

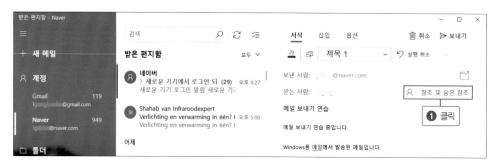

- **참조**: 참조에 입력한 메일 주소는 받는 사람의 메일에도 표시되기 때문에 서로 메일 주소가 공개됩니다.

- **숨은 참조**: 숨은 참조는 함께 메일을 받는 사람들에게 메일 주소를 감추는 것으로 받는 사람에게 참조하는 메일 주소가 보이지 않습니다. 서로 메일 주소를 공개하지 않아야 할 경우에는 '숨은 참조'를 사용합니다.

새 메일을 작성하는 화면에서 [삽입] 탭을 클릭하면 메일 본문에 표나 그림, 링크를 추가할 수 있습니다. [파일]을 클릭하면 작성된 파일 등을 첨부할 수 있습니다.

만일 메일에 PDF 문서를 첨부하고 싶다면 [파일]을 클릭한 다음 첨부할 PDF 파일을 선택하고 [열기]를 클릭합니다.

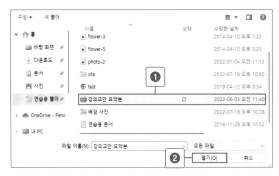

이론 **받은 메일에 답장하기**

메일에 답장을 보내야 할 경우 메시지 내용 창 위에 있는 [회신] 버튼(↩회신)을 클릭하면 즉시 답장을 작성할 수 있습니다.

| 메일 회신하기

이때, '참조' 나 '숨은 참조'가 포함된 메일일 경우 같은 내용의 메일을 2명 이상이 받았기 때문에 답장할 때는한 번 더 생각을 해야 합니다. '참조'나 '숨은 참조'가 있는 메일일 때 '회신'을 선택하면 메일을 보낸 사람 한명에게만 답장이 전송되지만, '전체 회신'을 선택하면 그 메일에 '참조'나 '숨은 참조'도 추가된 모든 사람에게답장이 전송됩니다. 예를 들어, 두 명의 참조가 있는 메일에 답장을 보낼 때는 [전체 회신] 버튼(↩전체 회신)을 클릭해서 답장을 작성합니다. 이렇게 하면 답장 메일은 세 명이 받게 되겠죠? 참조가 포함된 업무용 메일은 전체 회신을 사용하는 것이 좋습니다.

| 전체 회신하기

받은 메일을 원래 내용 그대로 다른 사람에게 보내는 것을 '전달' 또는 '포워딩'이라고 합니다. '메일' 앱에서
도 메일 전달이 가능합니다. 보고 있는 메일을 전달하려면 메일 내용 창 위쪽에 있는 [전달] 버튼(→ 전달)을
클릭합니다.

새 메일 창이 열리면서 현재 메일 내용이 메일 작성 창에 그대로 복사됩니다. 첨부 파일이 있다면 첨부 파일
도 함께 복사됩니다. 이 상태에서 '받는 사람' 항목에 메일 받을 사람의 메일 주소를 입력하고, 추가할 내용이
있다면 내용을 작성해서 [보내기] 버튼(▷ 보내기)을 클릭하여 보냅니다.

062 | 메일에 서명 추가하기

'메일' 앱에서 메일을 보낼 때 메일 내용 끝에 기본적으로 'Windows용 메일에서 발송된 메일입니다.'라고 표시되죠? 이 서명을 업무용 연락처나 좋아하는 문구로 수정해서 메일을 보낼 때 자동으로 메일 끝에 추가할 수 있습니다.

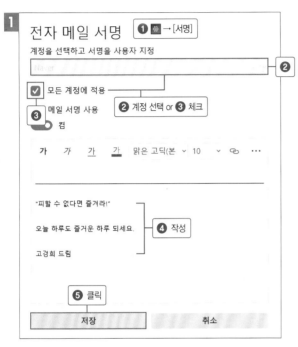

'메일' 앱의 메뉴 중에서 [설정] 버튼(⚙)을 클릭한 다음 [서명]을 선택합니다. 서명을 사용할 계정과 서명 내용이 표시됩니다. 특정 메일 계정에서만 사용한다면 메일 계정을 선택하고, 그렇지 않다면 '모든 계정에 적용'에 체크합니다. 그리고 원하는 내용을 작성하고 [저장]을 클릭합니다.

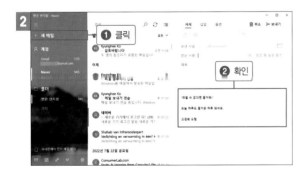

제대로 서명이 표시되는지 확인해 볼까요? [새 메일] 버튼(+)을 클릭해서 새 메일 작성 화면을 열어 보세요. 메일 내용 아래쪽에 방금 만든 서명이 표시됩니다.

08장

꼼꼼하게 일정과
할 일 관리하기

윈도우는 메일 계정을 기준으로 일정을 관리하기 때문에 '메일' 앱과 '일정' 앱이 연관되어 있습니다. '메일' 앱에서 '일정' 앱으로 즉시 이동할 수 있고 반대로 '일정' 앱에서도 '메일' 앱으로 즉시 이동할 수 있습니다. '일정' 앱을 사용해서 일정을 꼼꼼하게 관리하는 방법을 알아보겠습니다. 또한 윈도우 11에서는 할 일을 관리하는 'To do' 앱이 추가되었는데요. 'To do' 앱을 사용해서 매일 해야 할 일을 어떻게 작성하고 휴대폰과 연결해서 사용하는지에 대해서도 살펴보겠습니다.

063 일정 앱 살펴보기

윈도우 11에 마이크로소프트 계정으로 로그인했다면 '일정' 앱은 기본적으로 마이크로소프트 계정과 연결됩니다. 마이크로 소프트 계정 없이 윈도우에 로그인했다면 '메일' 앱에서 추가한 메일 계정에 연결됩니다.

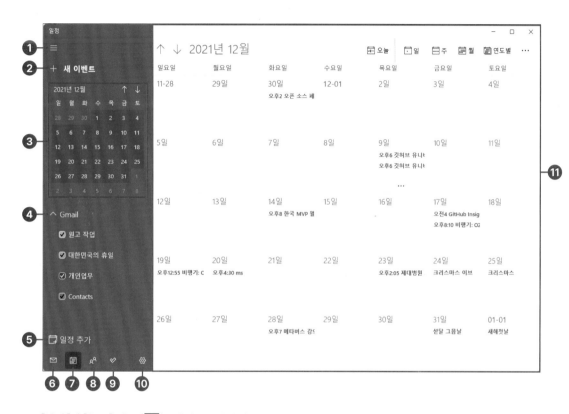

❶ **[확장] / [축소] 버튼(☰):** 일정 앱 화면의 메뉴를 확장/축소합니다 일정 보기 화면을 넓게 보고 싶을 때 클릭하면 왼쪽 창의 목록 창이 축소됩니다. 한 번 더 클릭하면 왼쪽에 목록 창이 확장됩니다.

❷ **[새 이벤트] 버튼(+ 새 이벤트):** 새로운 이벤트를 작성할 수 있습니다. 윈도우 11에서는 '일정' 앱에서 작성하는 약속이나 일정을 '이벤트'라고 부릅니다.

❸ **달력:** 현재 달을 표시합니다. 달력 부분에 마우스를 올리고 휠 버튼을 위아래로 움직이거나, 달력 오른쪽 위에 있는 ↑나 ↓을 클릭해 이전 달이나 다음 달을 표시할 수 있습니다.

❹ **메일 계정:** 일정과 관련된 메일 계정을 표시합니다. 메일 계정 왼쪽의 ∨나 ∧을 클릭해서 메일 계정의 카테고리를 표시하거나 감출 수 있습니다.

❺ **[일정 추가] 버튼(⊡ 일정 추가):** '일정' 앱에는 한국의 공휴일이 자동으로 표시됩니다. 다른 나라의 공휴 일도 함께 표시하려면 [일정 추가] 버튼을 누르고 원하는 국가를 선택합니다.

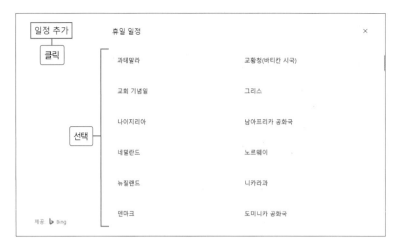

6 **[메일로 전환] 버튼(✉):** 클릭하면 '메일' 앱이 실행됩니다.

7 현재 화면이 '일정' 앱 화면임을 표시합니다.

8 **[피플로 전환] 버튼(👥):** 일정을 공유하기 위해 연락처 정보를 가져와야 한다면 이 버튼을 눌러 즉시 '피플' 앱으로 전환할 수 있습니다.

9 **[할 일로 전환] 버튼(✅):** 할 일 관리 앱은 'To Do' 앱을 실행합니다.

10 **[설정] 버튼(⚙):** '일정' 앱과 관련된 설정을 조절할 수 있습니다.

11 **일정 보기 화면:** 월별이나 주별, 일별로 일정을 표시합니다. 일정을 추가할 수도 있죠. 보기 화면의 오른쪽 위에 있는 [한 달 뒤로 이동] 버튼(↑)이나 [한 달 앞으로 이동] 버튼(↓)를 클릭하면 이전 달이나 다음 달을 볼 수 있습니다

064 | 일정 보기 화면 바꾸기

'일정' 앱을 실행하면 현재 달을 기준으로 한 달 동안의 날짜가 모두 표시되는 '월별 보기' 화면이 나타납니다. 일정 화면 오른쪽 위에는 보기 화면을 바꿀 수 있는 버튼들이 나열되어 상황에 따라 월별로, 혹은 주별로 일정을 표시할 수도 있고, 필요하다면 연도별로 볼 수도 있습니다.

이론　일별 보기

[일] 버튼(　일　)을 클릭하면 하루의 시간대별로 일정을 자세히 살펴볼 수 있고 한 화면에 하루에서 6일까지 표시할 수 있습니다.

TIP　[오늘] 버튼(　오늘　)을 클릭하면 주별 보기나 월별 보기 화면에서 다른 날짜가 열려 있어도 즉시 오늘 날짜로 이동합니다.

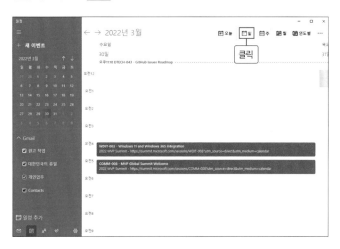

이론　주별 보기

[주] 버튼(　주　)을 클릭하면 주말을 포함해서 일주일 단위로 일정을 확인할 수 있습니다.

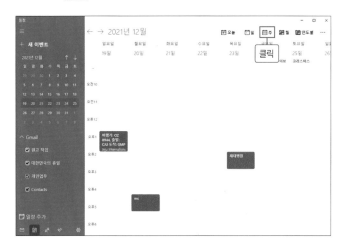

[월] 버튼(📅월)을 클릭하면 한 달의 일정을 한눈에 살펴볼 수 있도록 표시합니다. '일정' 앱을 실행했을 때의 기본 화면입니다.

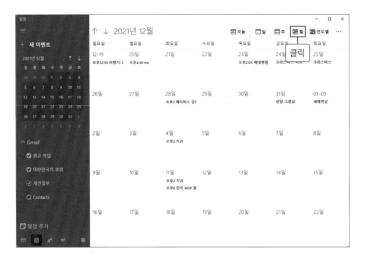

[연도별] 버튼(📅연도별)을 클릭하여 연도별로 1월부터 12월까지 달력을 표시한 다음 원하는 날짜를 클릭해 그 날짜의 일정을 볼 수 있습니다.

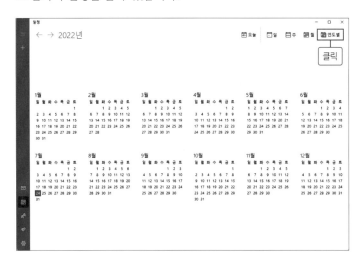

065 일정 앱에 구글 캘린더 연동하기

이미 '메일' 앱에서 구글 계정을 추가했다면 그 계정에서 사용하는 구글 캘린더는 '일정' 앱에 자동으로 추가됩니다. 만일 메일 앱에서 사용하지 않은 구글 캘린더를 일정 앱에 연동하겠다면 '일정' 앱에서 추가합니다. 단, 일정 앱에서 추가한 계정은 메일 앱에도 추가됩니다.

■■ 일정 앱의 메뉴에서 [설정] 버튼(⚙)를 클릭한 다음 [계정 관리]-[계정 추가]를 선택합니다.

■■ 계정 추가 화면이 표시되면 [Google+]를 선택합니다. 이후의 과정은 117쪽에서 설명한 구글 메일 계정 추가와 똑같습니다. 117쪽을 참고하세요.

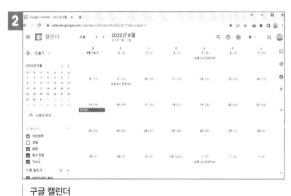

| 구글 캘린더

| '일정' 앱

구글 계정이 추가되면서 구글 캘린더에 있는 스케줄이 일정 앱에도 함께 표시됩니다. 이제부터 일정 앱에 이벤트를 추가하면 구글 캘린더에도 추가되고, 구글 캘린더에서 추가하면 마찬가지로 일정 앱에도 추가됩니다.

066 | 시작 요일 또는 작업 주 바꾸기

'일정' 앱의 경우 일요일이 한 주의 시작으로 설정되어 있습니다. 하지만 한 주의 시작을 다른 요일로 바꿀 수도 있습니다. 그리고 '작업 주'란 일주일 중 주말을 제외한 날을 말합니다. 기본적으로 월요일부터 금요일까지를 작업 주로 사용하지만 직업이나 일하는 환경에 따라 작업 주를 바꿀 수 있습니다.

이론 | 시작 요일 바꾸기

월별 보기나 주별 보기 화면에서 한 주의 시작은 '일요일'로 되어 있습니다. 이것을 월요일로 바꿔보겠습니다.

화면 왼쪽 창 아래쪽에 있는 [설정] 버튼(⚙)를 클릭한 다음 [일정 설정]을 선택합니다. [시작 요일] 목록을 펼친 다음 원하는 시작 요일을 선택합니다. [월요일]을 선택하면 되겠죠?

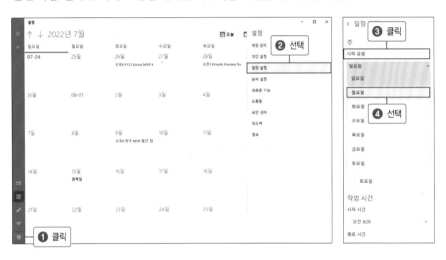

다시 일정 보기 화면으로 돌아오면 시작 요일이 월요일로 바뀌어 있습니다.

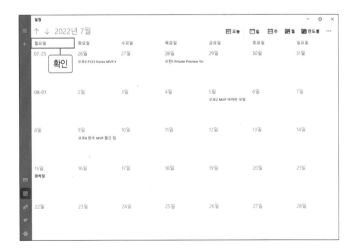

이론 작업 주 바꾸기

여기에서는 수요일을 쉬고 나머지 날을 작업 주로 바꾸는 방법
에 대해 알아보겠습니다.

화면 왼쪽 창 아래쪽에 있는 [설정] 버튼(⚙)을 클릭한 다음
[일정 설정]을 선택합니다. 수요일을 쉬기 때문에 한 주의 시작
은 목요일이 되겠죠? [시작 요일] 목록을 펼친 다음 '목요일'을
선택합니다. 이제 '목요일'부터 '화요일'까지 차례로 클릭하면
서 작업 주를 선택할 수 있습니다.

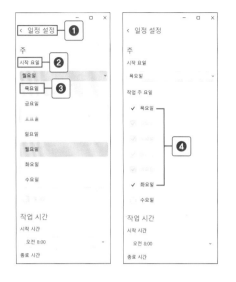

이론 일정 보기 화면에 음력 표시하기

우리나라에서는 간혹 음력 날짜가 필요할 때가 있습니다. 그래서 일정 보기 화면에 음력을 함께 표기해 두면
편리하죠.

화면 왼쪽 창 아래쪽에 있는 [설정] 버튼(⚙)을 클릭한 다음 [일정 설정]을 선택합니다. 설정 화면 아래쪽에
'다른 달력' 항목이 있는데 '사용' 앞에 체크하고 언어는 '한국어'로, 달력 종류는 '음력'을 선택합니다. 양력 날
짜 옆에 작은 글씨로 음력이 함께 표시됩니다.

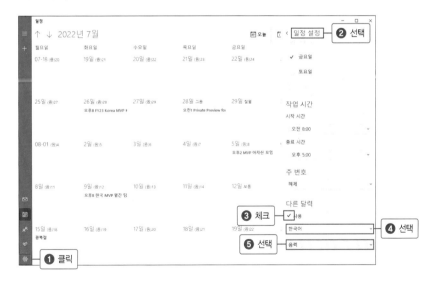

067 | 이벤트 추가 및 삭제하기

'일정' 앱에 이벤트를 등록하면 이벤트와 관련된 사람에게 메일로 일정을 공유할 수 있습니다. 또한 알림 센터의 알림을 통해 이벤트 전에 알림을 받을 수도 있죠. 이벤트를 추가하고 삭제하는 방법에 대해 알아보겠습니다

이론 빠르게 이벤트 추가하기

일정 보기 화면이 '월 보기'일 때는 이벤트를 추가할 날짜 부분을 클릭하고, '일 보기' 화면이나 '주 보기' 화면일 때는 이벤트를 추가할 시간을 클릭합니다.

이벤트 추가 화면이 나타나면 간단하게 이벤트 이름과 시간, 위치 등을 입력하고 [완료]를 클릭합니다.

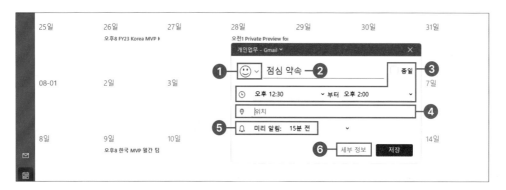

❶ **이벤트 서식 파일**: 아이콘 오른쪽의 화살표(∨)를 클릭한 다음 원하는 아이콘을 선택할 수 있습니다. 기본 선택된 아이콘 이외의 다른 아이콘을 선택하면 이벤트 이름 옆에 선택한 아이콘이 표시됩니다.

❷ **이벤트 이름**: 일정 보기 화면에 표시할 이벤트 이름을 지정합니다.

❸ **시간대**: [종일]에 체크하면 따로 시간대를 정하지 않습니다. 시간대를 지정하고 싶다면 [종일] 앞의 체크박스를 지운 다음 목록에서 시작 시간과 종료 시간을 선택합니다.

❹ **위치**: 이벤트 장소를 입력합니다.

❺ **미리 알림**: 일정을 미리 알리도록 시간을 설정할 수 있습니다.

❻ **세부 정보**: 클릭하면 이벤트를 상세하게 추가할 수 있습니다.

이벤트가 추가되면 일정 화면에 이벤트 시간과 이름이 표시되는데, 이벤트 이름을 클릭하면 간단한 이벤트 정보를 확인할 수 있습니다.

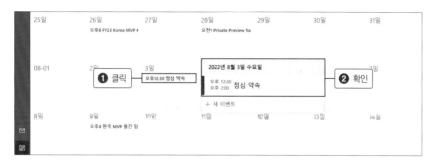

이론 상세하게 이벤트 추가하기

이벤트에 대한 자세한 설명을 기록해 두거나 다른 사람에게도 이벤트를 알리고 싶을 때는 이벤트 정보를 상세하게 편집할 수 있습니다.

새 이벤트를 추가하려면 왼쪽 창에서 [새 이벤트] 버튼(+ 새 이벤트)을 클릭합니다. 상세 편집 창에서는 이벤트와 관련된 여러 정보를 입력하고 추가할 수 있습니다.

❶ 뒤로(←): 이벤트 작성 화면을 벗어나 일정 보기 화면으로 이동합니다. 저장하지 않은 상태로 화면을 뒤로 이동하면 저장할 것인지, 취소할 것인지 물어보는 창이 표시됩니다. 이벤트 작성을 취소하려면 [변경 내용 취소]를 클릭하고, 작성한 이벤트를 저장하려면 [저장]을 클릭합니다. [취소]를 누르면 이벤트 작성 화면에 그대로 머무릅니다.

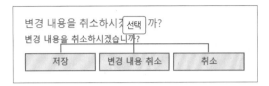

❷ 새 창에서 이벤트 열기(⤢): 클릭하면 새 창에서 이벤트를 작성합니다.

❸ 저장(🖫 저장): 입력한 이벤트 정보를 저장한 다음 일정 보기 화면으로 돌아갑니다.

❹ 삭제(🗑 삭제): 현재 이벤트를 삭제합니다.

❺ 표시 형식: 이벤트 이름 왼쪽의 작은 막대 배경을 선택할 수 있습니다. 같은 계정으로 작성한 이벤트를 구분할 때 편리합니다.

❻ 미리 알림: 이벤트 시작 전, 미리 알려줄 시간을 지정할 수 있습니다. 알림 시간이 되면 화면에 알림 메시지가 표시됩니다.

❼ 반복(🔄 반복): 이벤트가 일정 기간마다 반복된다면 반복 이벤트로 지정합니다.

❽ 비공개(🔒): 이벤트를 비공개로 설정해서 이벤트 작성자와 참가자만 볼 수 있게 합니다.

❾ 이벤트 이름: 일정 보기 화면에서 표시할 이벤트의 이름을 지정합니다.

❿ 분류: 이벤트에 따라 저장할 메일 계정을 선택합니다. 구글 캘린더나 네이버 캘린더를 연동했을 경우 외부 캘린더의 분류가 표시됩니다.

⓫ 위치: 이벤트 장소를 입력합니다.

⓬ 시작 / 종료: 이벤트 시작 시간과 종료 시간을 지정합니다. 🗓를 클릭해서 간단히 날짜를 선택할 수 있고, 시간 목록을 클릭해서 시간을 선택할 수 있습니다.

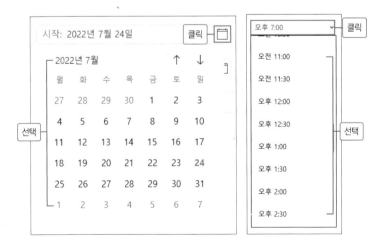

⓭ 종일: 이벤트의 시작 시간과 종료 시간을 지정하지 않을 경우에 선택합니다.

⓮ 이벤트 설명: 이벤트와 관련된 내용을 입력합니다.

⑮ **다른 사람 초대**: 이벤트에 참여할 다른 사람의 메일 주소를 입력합니다. 입력한 메일 주소로 이벤트 초대장이 발송됩니다.

⑯ **이벤트 참가자 목록**: 현재 이벤트에 참가할 사람이 표시됩니다.

이론 반복되는 이벤트 추가하기

주나 월 단위로 반복되는 회의 같이 일정 기간을 두고 반복되는 이벤트는 여러 번 추가할 필요없이 '반복' 기능을 사용하여 한 번에 일정을 추가할 수 있습니다. 예를 들어, 매월 첫째 주 화요일에 반복되는 월간 모임 이벤트를 만들어 보겠습니다.

[새 이벤트] 버튼(＋ **새 이벤트**)를 클릭해 이벤트 추가 화면을 열고 이벤트 정보를 입력합니다. 그리고 [반복] 버튼(↻ **반복**)를 클릭하여 반복 조건을 지정합니다.

❶ **시작**: 이벤트 반복을 시작할 날짜를 선택합니다.

❷ **반복 주기**: 매일 반복할지, 1주일 간격으로 반복할지 등을 선택할 수 있습니다.

145

주기를 어떻게 선택하느냐에 따라 반복할 방법을 선택할 수 있습니다. 예를 들어, '월별' 주기를 선택했을 경우 특정 날짜를 지정할 수도 있고, 요일을 지정할 수도 있습니다. 여기에서는 매월 첫 번째 화요일을 선택했습니다.

❸ **종료**: 반복을 언제 끝낼 것인지 지정합니다. 기본적으로 1년간 반복하도록 설정되어 있는데 📅를 눌러 날짜를 선택합니다.

이렇게 매월 첫 번째 화요일마다 반복하는 이벤트를 추가해 놓으면 정해 놓은 반복 주기에 따라 일정 앱에 자동으로 추가됩니다.

이론 **이벤트 편집하기**

일정 보기 화면에서 이벤트 위로 마우스 커서를 올려놓으면 간단한 이벤트 정보가 나타나는데 [이벤트 보기]를 클릭하여 이벤트 편집 화면으로 이동합니다. 필요한 정보를 추가하거나 수정할 수 있습니다.

일정 보기 화면에서 이벤트를 삭제하려면 이벤트 이름을 마우스 오른쪽 버튼으로 클릭한 다음 [삭제]를 선택합니다.

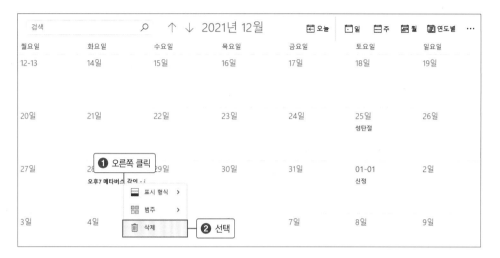

09장

최상의 플래너, To Do 앱으로 할 일 관리하기

PC를 비롯해 휴대폰과 태블릿 등 여러 가지 디지털 기기를 사용하면서 할 일 관리를 위해 여러 가지 앱을 써 보았을 것입니다. 하지만 디지털 기기들의 운영체제가 서로 다르기 때문에 안드로이드 휴대폰에서는 가능한 앱이 아이패드에서는 안 되는 경우가 있고, 윈도우 PC에서는 되는데 맥 PC에서는 안 되는 경우가 종종 있죠.

윈도우 11에 새로 포함된 Microsoft To Do 앱은 모든 디지털 기기에서 완벽하게 호환되는 할 일 관리 앱입니다. 개인적인 할 일 관리뿐만 아니라 협업을 위한 도구로도 뛰어난 기능을 가지고 있습니다. 아직 마음에 드는 할 일 관리 앱을 결정하지 못했다면 Microsoft To Do 앱에 도전해 보세요. 참고로, 이 장에서는 Microsoft To Do 앱을 줄여서 To Do 앱이라고 하겠습니다.

068 | To Do 화면 살펴보기

To Do 화면은 왼쪽에 사이드바가 있고 오른쪽에 작업 목록이 표시됩니다. 윈도우 11 이전에 To Do 앱을 써 본 사람도 있겠지만, 윈도우 11에 추가된 앱이기 때문에 몇 가지 작업이 예제처럼 포함되어 있습니다. To Do 앱이 어떻게 구성되는지 알아보겠습니다.

이론 To Do 실행하기

To Do 앱을 실행하기 전에 현재 윈도우에 마이크로소프트 계정으로 로그인한 상태인지 확인하세요. 마이크로소프트 계정을 기준으로 PC나 휴대폰, 태블릿 등과 할 일을 공유하기 때문에 꼭 마이크로소프트 계정을 사용하기 바랍니다.

TIP 사용자 계정에 대해서는 227쪽에서 자세히 설명합니다.

⊞+S 를 누른 다음 'to do'라고 입력하고 Microsoft To Do 앱을 클릭하면 즉시 앱을 실행할 수 있습니다. To Do 앱을 처음 실행하면 작업 표시줄에 고정할 것인지 묻는 창이 표시되는데 [예]를 선택하면 작업 표시줄에 To Do 앱을 간편하게 추가할 수 있습니다.

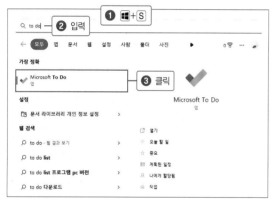

이론 To Do 앱의 구조 이해하기

To Do 앱에서는 해야 할 일을 '작업'이라고 부릅니다. 여러 작업을 하나의 '목록'으로 묶을 수 있고, 또 여러 개의 목록을 묶어서 '그룹'을 만들 수 있죠.

To Do 앱을 처음 실행하면 화면 왼쪽 아래에 '시작하기'와 '식료품'이라는 목록이 표시됩니다. 그리고 '시작하기' 목록을 클릭하면 해당 목록에 포함된 여러 개의 작업이 나열됩니다. 추가한 작업들 중에서 작업 제목을 클릭하면 해당 작업을 언제까지 마쳐야 하는지, 미리 알려줘야 하는지 설정할 수 있습니다. 또한 작업에 필요한 파일도 추가하고 메모도 남길 수 있습니다.

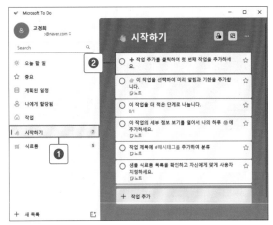
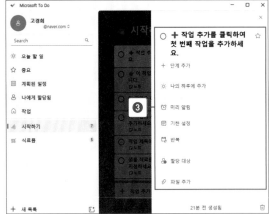

'식료품' 목록을 클릭해 보세요. '시작하기' 목록과 다른 배경이 표시됩니다. 이렇게 각 목록마다 배경을 다르게 지정해서 사용할 수도 있습니다.

To Do 앱에서 '식료품' 목록은 더 이상 필요하지 않으므로 삭제하도록 하겠습니다. '식료품'을 마우스 오른쪽 버튼으로 클릭한 다음 [목록 삭제]를 선택합니다. '목록 삭제' 창이 표시되면 [삭제]를 클릭합니다.

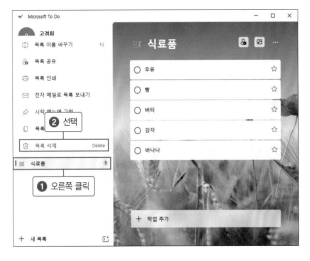

TIP '시작하기' 목록이 도움이 된다면 그냥 남겨둬도 되고, 더 이상 필요하지 않다면 삭제해도 됩니다.

069 | 그룹과 목록 만들기

그룹은 가장 큰 분류입니다. 그래서 '개인용', '업무용'과 같이 크게 구분해도 되고, '프로젝트1', '프로젝트2'와 같이 진행 중인 프로젝트별로 그룹을 만들어도 됩니다. 그리고 그룹마다 주제별, 혹은 용도별로 목록을 만들 수 있죠.

TIP 그룹과 목록을 만들지 않아도 작업을 추가해서 관리할 수 있습니다. 그럴 경우에는 153쪽의 '작업 추가하기'로 넘어가세요.

실습 그룹 만들기

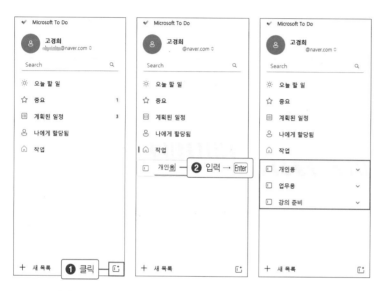

To Do 앱의 왼쪽 사이드바에서 가장 아래쪽에 있는 [새 그룹 만들기] 아이콘 ⬛을 클릭한 다음 그룹 이름을 입력하고 Enter를 누릅니다. 같은 방법으로 여러 개의 그룹을 만들 수 있습니다.

실습 목록 만들기

■■ To Do 앱 화면에서 [새 목록] ＋ 새 목록 를 클릭한 다음 목록 이름을 입력하고 Enter 를 누릅니다.

TIP Ctrl+L 을 눌러서 목록을 추가할 수도 있습니다.

■■ 새로 추가한 목록은 그룹 바깥에 표시됩니다. 이 목록을 그룹과 상관없이 사용해도 되고, 특정 그룹으로 옮겨서 사용해도 되죠. 그룹으로 옮기려면 목록 이름을 클릭한 다음 원하는 그룹으로 끌어 옮깁니다.

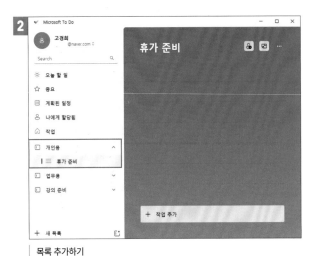

목록 추가하기

같은 방법으로 그룹마다 목록을 만들어서 추가할 수 있습니다.

TIP 그룹 이름을 클릭할 때마다 그 안에 있는 목록을 펼쳐 보거나 닫을 수 있습니다.

 잠깐만요 **그룹을 지정한 다음 목록 만들기**

To Do 앱에서 새 목록을 만들면 그룹 밖에 만들어지기 때문에 목록을 만든 다음 그룹으로 옮겨야 합니다.

처음부터 특정 그룹 안에 새 목록을 만들려면 그룹 이름을 마우스 오른쪽 버튼으로 클릭하고 [새 목록]을 선택합니다. '제목 없는 목록'이라는 이름을 가진 목록이 만들어지는데, 이 부분을 선택하고 F2 를 누른 다음 원하는 이름으로 바꿉니다.

070 | 작업 추가하기

해야 할 일, 즉 작업을 To Do 앱에 추가해 보겠습니다. 작업은 간단하게 할 일만 적어도 되고, 언제까지 끝내야 하는지 기한을 지정할 수도 있습니다. 물론 메모를 남기거나 파일을 첨부할 수도 있죠.

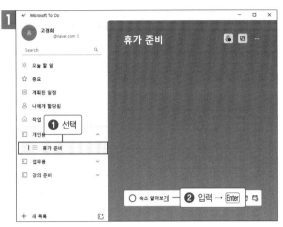

■■■ 작업을 추가해야 할 목록을 선택합니다. 그리고 To Do 앱 화면 아래쪽에 있는 작업 추가 창에 간단하게 해야 할 일을 입력하고 Enter 를 누릅니다.

■■ 입력한 내용 그대로 해당 목록에 올라갑니다.

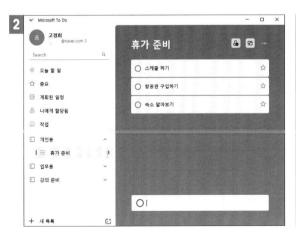
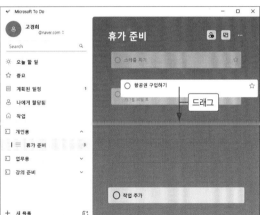

■■■ 같은 방법으로 필요한 만큼 작업을 추가합니다. 나중에 추가하는 작업이 목록 위쪽에 표시됩니다.

■■■ 여러 작업을 순서대로 나열하고 싶다면 작업 목록에서 작업 제목을 클릭한 다음 위아래로 움직여 순서를 바꿀 수 있습니다.

이론 **목록에 속하지 않는 작업 추가하기**

아직 목록을 만들지 않았거나 정확히 어떤 목록에 속하지 않는다면 목록을 선택하지 않고 입력할 수도 있습니다. 휴대폰으로 급하게 작업을 추가할 때도 이렇게 간단하게 작업을 추가할 수 있죠. 목록에 속하지 않는 작업은 왼쪽 사이드바에서 [작업] 항목을 선택한 다음 작업을 추가합니다.

이론 **작업을 특정 목록으로 옮기기**

목록에 속하지 않았던 작업들은 새로 목록을 만들고 그곳으로 작업을 옮길 수 있습니다. '작업' 항목에 있는 작업들을 특정 목록으로 옮기려면 작업 이름 부분을 마우스 오른쪽 버튼으로 클릭하고 [다음 위치로 작업 이동] 위로 마우스 커서를 올려놓으면 옮길 수 있는 목록 이름들이 표시됩니다. 원하는 목록을 선택하면 즉시 해당 목록으로 옮겨집니다.

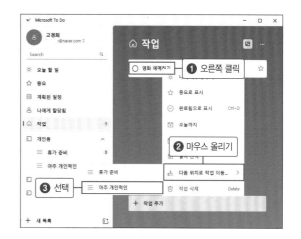

071 | 작업 단계 및 기한 추가하기

To Do 앱에 작업을 추가했지만, 어떤 작업은 작업 안에 세부적인 단계가 있을 수도 있고 완료할 때까지 기한이 정해져 있는 경우도 있습니다. 작업을 좀더 다양하게 설정하는 방법을 알아보겠습니다.

작업을 좀더 다양하게 설정하려면 추가해 놓은 작업 제목을 클릭합니다.

이론 작업의 하위 단계 만들기

화면 오른쪽에 세부 정보 창이 표시됩니다. [단계 추가](+ 단계 추가)를 클릭하면 작업 이름 아래 하위 작업을 입력할 수 있는 창이 생깁니다. 여기에 필요한 하위 작업을 입력하고 Enter 를 누르면 하위 작업이 추가됩니다.

하위 단계 중 완료한 작업은 왼쪽에 있는 ◯을 클릭해서 완료 상태 ✅로 바꿉니다. 세부 설정 화면을 닫으려면 화면 오른쪽 위에 있는 [닫기] 버튼(✕)을 클릭하거나 설정 화면 바깥을 클릭합니다.

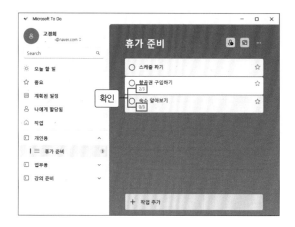

이렇게 하위 단계가 있는 작업은 나열된 상태에서도 확인할 수 있습니다. 예를 들어, 하위 단계 3개가 있고 그 중에 2개를 완료했다면 작업 제목 아래에 '2/3'처럼 표시됩니다.

실습 **작업에 기한 지정하기**

단순히 작업을 추가하기만 하면 그다지 도움이 되지 않습니다. 어떤 작업은 오늘 끝내야 하고, 어떤 작업은 며칠 안에, 혹은 몇 달까지 끝내야 한다고 알려주어야 합니다.

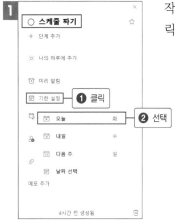

작업 제목을 클릭해서 오른쪽에 세부 정보 창을 표시한 다음 [기한 설정]을 클릭합니다. 오늘 안에 끝낼 작업이라면 간단하게 '오늘'을 선택합니다.

기한을 특정한 날짜로 지정할 작업은, 작업 제목을 클릭하여 세부 정보 창을 열고 [기한 설정]-[날짜 선택]을 선택합니다. 그리고 달력에서 날짜를 고른 다음 [저장]을 클릭합니다.

■■ 기한이 지정된 작업은 작업 제목과 함께 기한이 표기됩니다.

TIP 만일 날짜를 수정하고 싶다면, 작업 세부 정보 창에서 현재 지정된 날짜 오른쪽의 '기간 제거' 아이콘(⊠)을 클릭한 다음 다시 날짜를 지정하면 됩니다.

■■■ 이렇게 기한을 정해 둔 작업은 왼쪽 사이드바에서 [계획된 일정]을 클릭하면 한눈에 모아서 볼 수 있습니다. 예선에 추가해 눈 작업이지만 그 기한이 오늘이라면 '오늘' 항목 아래에 표시되기 때문에 해야 할 작업을 놓치지 않게 해 줍니다.

072 | 작업 관리하기

To Do 앱에 추가한 작업은 그대로 두는 게 아니라 매일 확인하면서 어떤 작업이 중요한지, 오늘 끝내야 할 작업은 무엇인지 살펴봐야 합니다. 그리고 끝낸 작업은 끝냈다고 표시를 해야겠죠? To Do 앱에서 작업을 관리하는 다양한 방법을 알아보겠습니다.

이론 중요한 작업 표시해 두기

잊어서는 안 되는 중요한 작업들은 작업 제목 오른쪽에 있는 [중요로 표시] 아이콘 ☆ 을 클릭합니다. 아이콘이 ★ 로 바뀌면서 작업들 중에서 가장 위쪽으로 이동합니다.

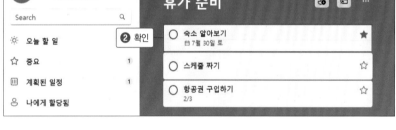

왼쪽 사이드바에서 [중요]를 클릭하면 중요 표시를 해둔 작업을 한꺼번에 모아서 볼 수 있습니다.

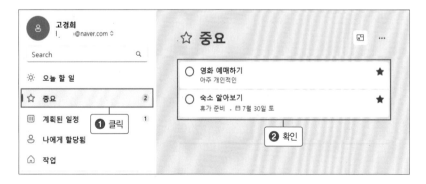

추가해 둔 작업 중에서 끝낸 작업은 완료했다고 알려줘야겠죠? 작업을 완료하면 작업 제목 왼쪽에 있는 ⭕ 을 클릭합니다. 해당 작업이 완료되었다고 ☑ 로 바뀌면서 제목에도 취소선이 그어집니다. 그리고 목록에 '완료됨'이라는 항목이 생기면서 완료된 작업들이 그곳으로 옮겨집니다.

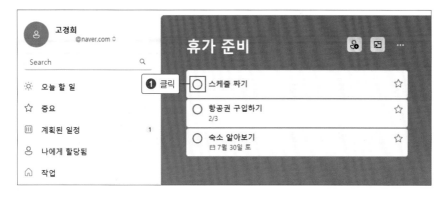

아직 완료하지 않은 작업과 완료된 작업들이 같이 표시되어서 화면이 너무 복잡하다면 [완료됨] 왼쪽에 있는 ⌄ 를 클릭해서 완료된 작업을 화면에 표시하지 않을 수 있습니다.

작업 목록마다 다른 배경 사용하기

To Do 앱을 사용하다 보면 작업 목록이 꽤 많아집니다. 각 작업 목록마다 배경 그림이나 배경 색을 다르게 지정할 수 있어서 약간의 재미를 추가할 수 있습니다.

작업 목록 오른쪽 위에 있는 [목록 옵션] 아이콘 ••• 을 클릭하면 '테마 설정' 항목에 여러 색과 사진이 준비되어 있습니다. 이 중에서 원하는 색이나 사진을 선택합니다.

현재 작업 목록의 배경이 바뀐 것을 볼 수 있죠? 이렇게 작업 목록마다 다양하게 배경을 바꿔서 사용할 수 있습니다.

073 | To Do 앱 편리하게 사용하기

To Do 앱에 있는 작업들은 그날그날 처리해야 할 일들을 사용자에게 알려주어야 하므로 자주 사용자의 눈에 띌 수 있도록 여러 가지 방법을 제공합니다.

이론 작업 표시줄에 알림 표시하기

To Do 앱을 작업 표시줄에 추가해 두었다면 To Do 앱을 실행하지 않은 상태에서도 처럼 오늘 해결해야 할 작업이 몇 개인지 알려줍니다. 오늘 해야 할 작업을 절대 잊지 않겠죠?

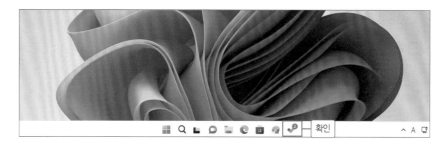

실습 시작 화면에 작업 목록 고정하기

■■ To Do 앱에는 여러 개의 작업 목록이 있는데 그중 원하는 작업 목록을 시작 화면에 추가할 수 있습니다. 작업 목록 화면에서 [목록 설정] 아이콘 을 클릭한 다음 [시작 메뉴에 고정]을 선택합니다.

■■ To Do 앱을 종료하세요. 그리고 그 상태에서 를 클릭해 시작 화면을 보면 고정된 앱에 To Do 아이콘이 생겼습니다. 이 아이콘을 클릭하면 To Do 앱이 실행되면서 즉시 고정했던 작업 목록으로 이동합니다.

TIP 서로 다른 작업 목록을 시작 화면에 추가할 수 있습니다. 그런데 시작 화면에는 똑같이 To Do라고만 표시되기 때문에 목록 이름을 구별하기 힘듭니다. 업데이트 중에 고쳐질 수도 있습니다 윈도우 바탕 화면에서 ⊞+W를 눌러 위젯 보드를 열고, 위젯 보드 화면 오른쪽 위의 ⊞를 클릭합니다. 'To Do' 옆에 있는 ⊕를 클릭해 To Do 앱을 추가합니다.

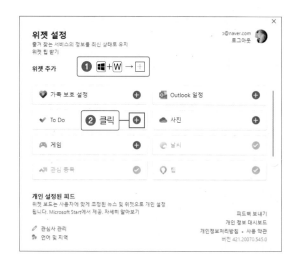

다시 ⊞+W를 눌러보세요. 위젯 보드에 To Do 앱이 추가되어 있습니다. 기본적으로 '작업'이 선택되어 있죠? '작업' 항목은 목록을 지정하지 않은 작업들이 추가되는 곳입니다. PC에서 다른 일을 하다가 갑자기 추가해야 할 작업이 생각나면 위젯 보드에서 간단히 추가할 수 있습니다. 그리고 나중에 To Do 앱에서 맞는 목록으로 옮겨주면 됩니다.

위젯 보드에서 특정한 목록의 작업들을 확인하고 싶다면 '작업' 부분을 클릭해 원하는 목록을 선택합니다. 해당 목록의 작업들을 볼 수 있습니다. 물론 이 상태에서 완료 체크도 가능합니다.

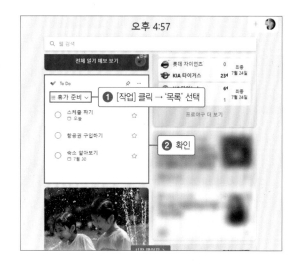

넓은 화면을 사용하고 있어서 여유가 있다면 To Do 앱을 화면 한쪽 귀퉁이에 항상 표시해 둘 수 있습니다.

To Do 앱에서 항상 화면에 표시해 둘 목록을 선택한 다음, 화면 오른쪽 위에 있는 🔲 을 클릭합니다. 바탕 화면 오른쪽 위에 To Do 앱이 표시됩니다. 이 화면은 항상 표시되기 때문에 다른 앱 창을 열어도 사라지지 않습니다.

TIP 항상 표시되는 To Do 앱 화면은 크기를 조절할 수도 있고, 마우스로 드래그해서 화면의 위치를 옮길 수도 있습니다.

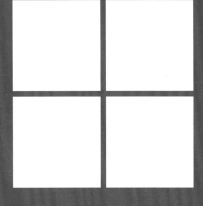

윈도우 아낌없이 활용하기

윈도우 11에서는 사용자들이 많이 사용하는 사진이나 음악을 편리하게 확인하고 관리할 수 있는 기본 멀티미디어 앱을 제공합니다. 이 장에서는 윈도우 11의 기본 앱 중 자주 사용하는 멀티미디어 앱을 살펴보겠습니다. 그리고 이미 윈도우 11에 포함되어 있지만 제대로 기능을 다 활용하지 못했던 기본 앱들도 알아보고, 윈도우 11에 없는 기능을 추가하는 파워토이에 대해서도 함께 살펴 보겠습니다.

10장

윈도우에서 멀티미디어 즐기기

스마트폰이나 태블릿과 같은 모바일 기기로 언제 어디서나 사진을 찍을 수 있게 되면서, 정리하지 못한 사진이 계속 쌓이고 있지는 않나요? 윈도우 11의 '사진' 앱은 컴퓨터에 저장된 사진을 볼 수 있는 기능뿐만 아니라 초보자도 누구나 사용할 수 있는 사진 편집 기능도 가지고 있습니다. 또한 다운로드한 MP3 파일을 윈도우 11에서 재생하고, 필요하다면 재생 목록을 만들어 관리할 수도 있습니다. 멀티미디어에도 최적인 윈도우 11을 만나볼까요?

074 사진 뷰어 화면 살펴보기

윈도우 탐색기에서 사진이나 그림 파일을 더블클릭하면 사진 뷰어가 실행되면서 사진을 보여줍니다. 윈도우에서는 사진 뷰어를 자주 사용하게 되는데, 뷰어 화면이 어떻게 구성되었는지 살펴보겠습니다.

❶ **모든 사진과 비디오 찾아보기**: 클릭하면 '사진' 앱 시작 화면으로 이동해서 사진 폴더에 있는 사진과 비디오를 나열합니다.

❷ **사진 파일 이름**: 현재 사진의 파일 이름이 표시됩니다.

❸ **이미지 편집**: 자르거나 필터를 적용하는 등 간단한 이미지 편집을 할 수 있습니다.

❹ **회전**: 클릭을 할 때마다 사진을 시계 방향으로 90도씩 회전시킵니다.

❺ **삭제**: 현재 사진을 삭제합니다.

⑥ 자세히 보기: 사진과 관련된 다른 명령들을 선택할 수 있습니다.

⑦ 전체 화면: 현재 사진을 전체 화면으로 표시합니다.

⑧ 실제 크기로 확대: 사진 앱 창 때문에 작게 표시되던 사진을 원래 크기대로 표시합니다.

⑨ 확대/축소: 클릭할 때마다 축소하거나 확대합니다. 확대/축소 비율이 오른쪽에 표시됩니다.

⑩ 사진 표시 창: 선택한 사진을 표시합니다.

⑪ 이전/다음: 사진 표시 창의 왼쪽이나 오른쪽을 클릭하여 이전 사진이나 다음 사진을 볼 수 있습니다.

⑫ 썸네일 막대: 사진이 있는 폴더의 사진들을 썸네일 형태로 표시합니다.

075 여러 사진 비교하면서 살펴보기

윈도우 11 사진 뷰어에는 '썸네일 막대'가 추가되어 편리하게 활용할 수 있습니다. 특히 비교해 보고 싶은 사진을 여러 개 선택해서 한눈에 살펴보는 기능은 아주 편리합니다.

■▪ 탐색기에서 사진을 더블클릭하면 사진 뷰어가 실행되면서 선택한 사진을 보여줍니다. 사진 화면을 클릭하면 감춰져 있던 썸네일 막대가 화면 아래쪽에 표시됩니다. 썸네일 막대에서 사진을 선택하면 즉시 해당 사진을 보여줍니다.

■▪ 썸네일 막대에 있는 작은 사진 위로 마우스 커서를 가져가면 사진 오른쪽 위에 작은 사각형 모양의 체크박스가 표시됩니다. 체크박스를 클릭해 보세요.

■▪ 현재 사진과 선택한 사진을 나란히 비교하면서 볼 수 있습니다.

■▪ 같은 방법으로 얼마든지 여러 사진을 한눈에 보면서 비교할 수 있습니다. 같은 장면을 연속으로 찍었을 때 사진을 골라낸다면 이 방법이 아주 편리하겠죠?

현재 사진을 배경 화면으로 사용하기

사진 뷰어에 보이는 사진을 바탕 화면의 배경이나 잠금 화면의 사진으로 사용할 수 있습니다. 사진 뷰어의 [자세히 보기] 아이콘(┄)을 클릭한 다음 [다음으로 설정] 위로 마우스 커서를 올려놓고 '배경'이나 '화면 잠금'을 선택하면 됩니다.

중요!

076 이미지 편집하기

윈도우 11의 사진 뷰어는 이미지 편집 화면이 크게 바뀌었습니다. 전문적인 편집 기능은 아니지만 가지고 있는 사진이나 이미지를 자르거나 보정하는 작업을 간단하게 해결할 수 있습니다.

이론 사진 회전시키기

사진 뷰어에 편집할 사진이 표시된 상태에서 [이미지 편집] 아이콘( )을 클릭합니다. 기본적으로 회전과 사진 자르기를 할 수 있는 화면이 표시됩니다.

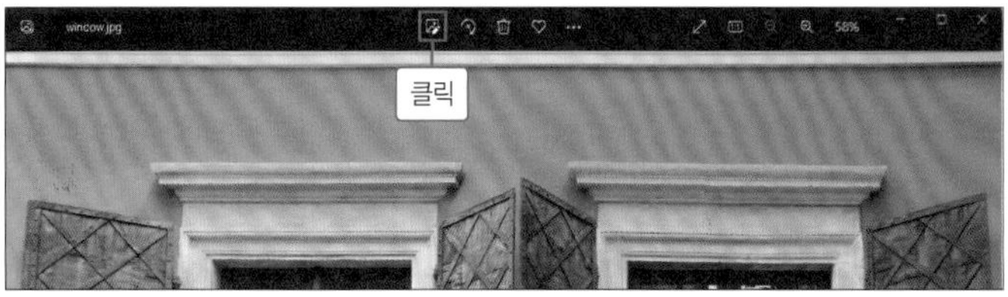

이미지를 다양하게 회전시키는 메뉴들을 살펴볼까요?

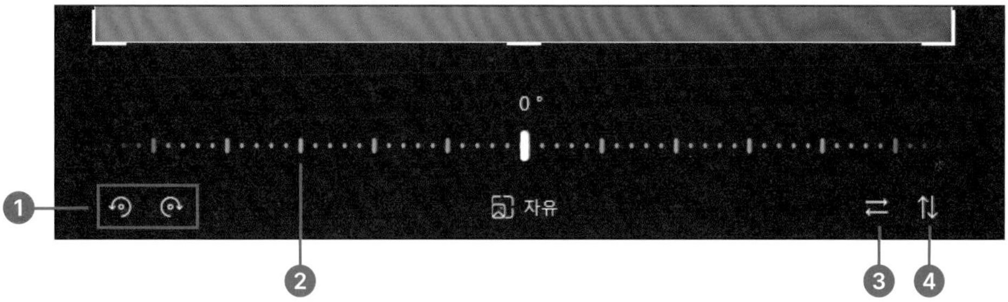

❶ 클릭할 때마다 왼쪽으로, 혹은 오른쪽으로 90도씩 회전시킬 수 있습니다.

❷ 눈금 부분을 좌우로 움직여서 좀더 세밀하게 회전시킬 수 있습니다.

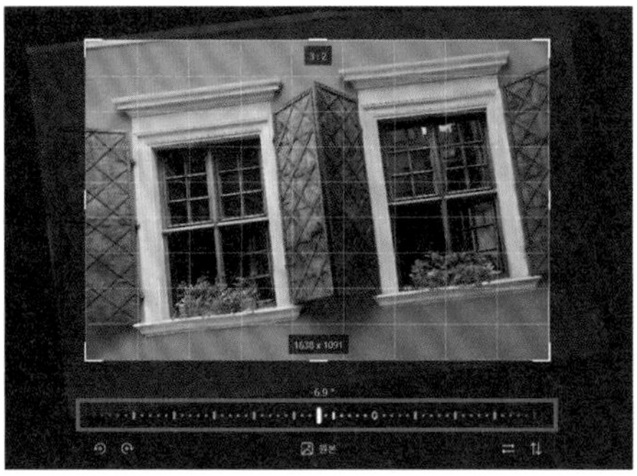

❸ 이미지를 가로로 대칭 이동합니다.

❹ 이미지를 세로로 뒤집습니다.

미리 정해진 비율로 사진 자르기

사진을 자를 때는 미리 만들어 놓은 비율에 맞게
자를 수도 있고 직접 원하는 크기만큼 자를 수도
있습니다.

편집 화면 아래에 있는 [자유]를 클릭하면 미리 만
들어 놓은 사진 비율이 표시됩니다. 비율을 클릭하
면 해당 비율에 맞게 사진이 어떻게 잘리는지 미리
볼 수 있습니다.

이 상태에서 사진의 나머지 부분을 좌우로 움직이
면서 원하는 부분이 잘린 화면 안에 들어오도록 조
절합니다.

원하는 크기대로 사진 자르기

사진의 모서리에 표시되는 표식을 드래그 하면서
사진을 원하는 크기로 자를 수 있습니다. 원하는 크
기만큼 드래그한 다음 마우스 버튼에서 손을 떼면
사진 자르기가 끝납니다.

사진 뷰어의 자동 조정 기능은 사진에 대한 지식이 없어도 간단하게 사진을 보정할 수 있습니다. 이미지 편집 화면에서 [조정]을 클릭한 다음 오른쪽에 나타나는 '밝기'나 '노출' 같은 항목에서 슬라이드 막대를 움직여 조절할 수 있습니다. 왼쪽 미리 보기 화면에 즉시 적용된 모습이 보이기 때문에 적절하게 조절할 수 있죠.

이미지 편집 화면에서 [필터]를 선택하면 사진에 필터를 추가해서 색다른 느낌을 만들 수 있습니다. 오른쪽에서 필터를 선택하면 즉시 사진에 필터가 적용됩니다. 필터 항목 아래에 표시되는 슬라이드 막대를 사용해 필터의 강도를 조절할 수도 있습니다.

이미지를 편집한 다음에는 편집한 내용을 저장해야겠죠? 이 때 기존의 원본 사진을 없애고 편집한 사진만 남길 수도 있고, 원본 사진과 편집된 사진 두 개를 만들 수도 있습니다.

이미지 편집 창 오른쪽 위에 있는 [복사본으로 저장]을 클릭하면 원본 사진은 그대로 유지하면서 새로운 파일로 저장할 수 있습니다. '다른 이름으로 저장' 창이 표시되면 편집한 사진을 원하는 파일 이름으로 저장합니다.

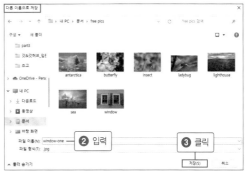

만일 원본을 없애고 편집한 사진만 남기고 싶다면 [복사본으로 저장] 오른쪽에 있는 ☑를 클릭한 다음 [저장]을 선택합니다. 원본 사진을 그대로 덮어쓰기 때문에 따로 파일 이름을 지정하지 않습니다.

이론 이미지 편집을 취소하는 두 가지 방법

이미지 편집을 하다가 편집한 내용을 취소할 때에도 '다시 설정'과 '취소', 두 가지 방법이 있습니다.

[다시 설정]을 클릭하면 현재 편집 내용은 모두 사라지고 다시 새로운 편집을 할 수 있도록 합니다. 화면은 계속 이미지 편집 상태가 됩니다. [취소]를 클릭하면 편집 내용뿐만 아니라 이미지 편집 자체를 취소하기 때문에 편집 화면을 닫고 뷰어 화면으로 돌아갑니다.

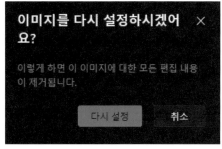

다시 설정

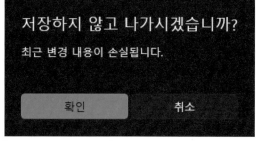

취소

077 미디어 플레이어 재생 창 살펴보기

탐색기에서 음악 파일을 더블클릭하면 자동으로 미디어 플레이어가 실행되면서 음악이 흘러나옵니다. 윈도우 11에 있는 음악 재생 앱인 미디어 플레이어의 재생 화면을 살펴보겠습니다.

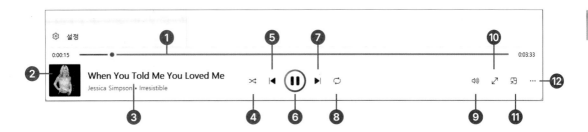

❶ **진행 막대**: 노래의 재생 상태를 슬라이드 막대로 표시합니다.

❷ **앨범 이미지**: 현재 재생 중인 곡의 앨범 이미지가 표시됩니다.

❸ **곡명과 가수**: 현재 재생 중인 곡의 제목과 가수가 표시됩니다. 클릭하면 곡 재생은 그대로 유지되면서 '음악' 앱 시작 화면으로 이동합니다.

❹ **[무작위 재생]**: 재생 목록에 있는 곡들을 목록의 순서와 상관없이 무작위로 재생합니다. 무작위 재생이 켜지면 ⤨로 바뀝니다.

❺ **[이전]**: 재생 목록의 이전 노래를 재생합니다.

❻ **[재생/일시 정지]**: 클릭할 때마다 현재 곡을 재생하거나 일시 정지할 수 있습니다.

❼ **[다음]**: 재생 목록의 다음 노래를 재생합니다.

❽ **[반복 재생]**: 재생 목록의 노래를 반복합니다. 클릭할 때마다 아이콘의 모양이 조금씩 바뀝니다.

  🔂 : 현재 노래 1곡만 반복 재생
  🔁 : 재생 목록 전체를 반복 재생
  🔀 : 반복 재생하기 않음

❾ **[볼륨]**: 클릭한 다음 슬라이드 막대를 움직여 재생 볼륨을 조절합니다.

❿ **[전체 화면]**: 재생 화면을 전체 화면으로 표시합니다.

⓫ **[미니 플레이어]**: 음악 재생에 필요한 단추들만 표시하는 '미니 플레이어' 화면으로 바뀝니다.

⓬ **[다른 작업]**: 음악 재생 창에 표시하지 못한 다른 작업을 선택할 수 있습니다.

078 미디어 플레이어로 음악 듣기

윈도우 11의 미디어 플레이어를 사용하면 컴퓨터에 저장되어 있는 음악을 들을 수 있습니다. 이 때 듣고 싶은 음악을 재생 대기열에 추가해서 들을 수도 있고, 매번 음악을 선택하는 것이 번거롭다면 원하는 음악만 모아서 재생 목록으로 저장해 둘 수도 있습니다.

실습 재생 대기열에 음악 추가하기

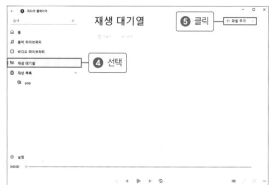

■■ ⊞+S를 누른 다음 '미디어'라고 검색해서 미디어 플레이어 앱을 실행합니다.

TIP 현재 재생 중이라면 노래 제목 부분을 클릭해서 미디어 플레이어 앱 화면으로 이동합니다.

■■ 왼쪽 메뉴에서 '재생 대기열'을 선택하면 아직 아무 파일도 추가되어 있지 않은 상태입니다. 재생 대기열이란 미디어 플레이어 앱에서 재생하기 위해 모아 놓은 음악 파일을 가리킵니다. 오른쪽 위에 있는 [파일 추가]를 클릭합니다.

■■ 음악 파일이 있는 폴더를 찾아가서 듣고 싶은 음악 파일을 선택합니다. Ctrl 키를 누른 상태로 음악 파일을 클릭하면 여러 개의 파일을 선택할 수 있습니다. 음악 파일 선택이 끝나면 [열기]를 클릭합니다.

■■ 재생 대기열에 음악이 추가되면서 자동으로 재생됩니다.

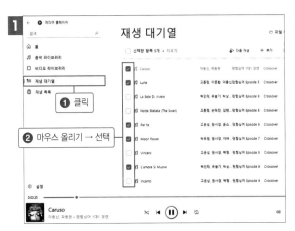

- 왼쪽 메뉴에서 '재생 대기열'을 클릭하면 현재 재생을 기다리는 음악들이 나열됩니다. 이 중에서 재생 목록으로 저장할 음악을 선택해야 합니다. 음악 이름 위로 마우스 커서를 올리면 왼쪽에 체크 박스가 나타나는데, 선택할 음악의 체크 박스를 클릭합니다.

- 음악을 모두 선택했다면 화면 위쪽의 [추가] 버튼(+ 추가)을 클릭한 다음 [새 재생 목록]을 선택합니다.

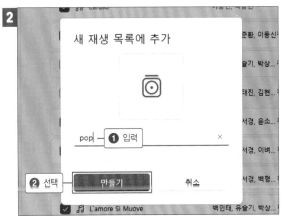

- 재생 목록 이름을 입력한 다음 [만들기]를 클릭합니다.

- 왼쪽의 재생 목록 옆에 있는 ∨를 클릭하면 방금 만든 재생 목록이 표시됩니다. 재생 목록 이름을 클릭해 보세요. 재생 목록에 어떤 음악들이 포함되어 있는지 한눈에 확인할 수 있습니다. [재생] 버튼(▷ 재생)을 클릭하면 재생 목록에 있는 음악 전체를 재생 대기열로 옮겨서 재생합니다.

11장

놓치기 아까운 기본 앱

윈도우 11에서 웹 브라우저로 인터넷을 서핑하고, 엑셀이나 파워포인트로 문서 작업만 하고 있다면 윈도우 11의 아주 일부분만 사용하는 것입니다. 윈도우 11에는 다양한 기본 앱이 있는데요, 이 장에서는 누구에게나 도움이 되고 알아 두면 유용하게 쓸 수 있는 기본 앱을 소개합니다.

특히 윈도우 11은 안드로이드폰과 연결할 경우, 윈도우에서 직접 안드로이드폰을 원격 사용할 수 있습니다. 안드로이드폰에 있는 사진을 손쉽게 가져올 수도 있죠. 지금까지 잘 알지 못했던 알짜배기 앱을 만나보세요.

079 집중해야 할 때는 집중 세션 켜기

중요한 프레젠테이션을 진행하거나 오랜만에 게임에 빠져 있을 때, 윈도우 화면에 불쑥 알림 메시지가 나타나 방해 받은 경험이 있을 것입니다. 윈도우 11에는 '집중 세션' 기능이 있어서 중요한 작업에 집중할 경우 알림 메시지를 즉시 화면에 표시하지 않고 모아서 나중에 볼 수 있습니다.

실습   작업 표시줄에서 집중 세션 켜기

■■ 작업 표시줄에서 날짜/시간 부분을 클릭하면 알림 센터가 나타나는데, 가장 아래쪽에 집중 모드를 위한 시간 설정 부분이 있습니다. 집중 시간은 기본적으로 30분으로 맞춰져 있으나 이 시간을 자신에게 맞도록 조절할 수 있습니다. 시간 오른쪽의 [집중]을 클릭합니다.

TIP 집중 세션을 켜기 전에 시간을 지정할 수 있습니다. ☐를 클릭하면 5분씩 시간을 줄일 수 있고, ☐를 클릭하면 15분씩 시간이 늘어납니다. 이 때 45분 이상으로 설정하면 중간에 휴식 시간이 1회, 혹은 2회씩 포함됩니다.

■■ '알람 및 시계' 앱이 자동 실행되면서 화면 오른쪽 위에 타이머가 나타납니다. 지정한 시간 중에 얼마나 남았는지 표시됩니다. 집중 세션을 진행하는 동안에는 알림 메시지를 표시하지 않기 때문에 작업 표시줄 오른쪽 끝에 ☐ 아이콘이 표시됩니다.

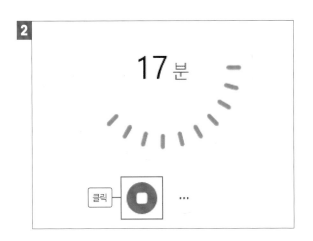

지정한 시간이 끝나기 전에 집중 세션을 중지하려면 타이머 화면에서 ☐를 클릭합니다.

To Do 앱을 사용하여 할 일을 관리하고 있다면 집중 모드 기능을 함께 사용해서 다른 방해를 받지 않고 해야 할 일에 집중할 수 있습니다. 만일 Spotify 앱을 통해 음악을 듣는다면 집중 세션을 사용해서 Spotify 앱이 얼마나 음악을 재생할지 지정할 수도 있습니다.

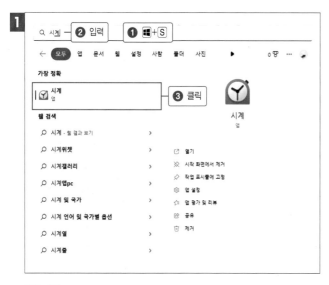

⊞+Ｓ를 눌러 '시계'를 검색해서 '시계' 앱을 실행합니다.

'시계' 앱의 첫 화면에 집중 모드와 관련된 항목이 표시되고, To Do 앱에 추가해 놓은 작업이 있을 경우 시계 앱 화면에 함께 표시됩니다. 집중 모드를 사용할 작업 위로 마우스 커서를 가져간 다음 '세션에 대해 선택'이 표시되면 클릭합니다.

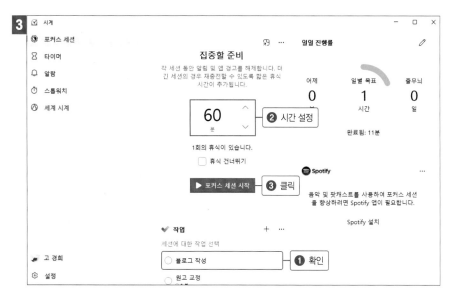

선택한 작업 항목 주변에 파란색 테두리가 그려지면서 어떤 작업이 선택됐는지 보여줍니다. 이제 위쪽에서 집중할 시간을 지정한 후 [포커스 세션 시작]을 클릭합니다. 45분 이상 설정할 경우 자동으로 중간에 5분씩의 휴식 시간이 포함됩니다.

TIP 아직까지 '집중 세션'과 '포커스 세션'이라는 용어가 섞여서 사용되고 있습니다. 둘 다 같은 의미라는 점을 기억해 두세요.

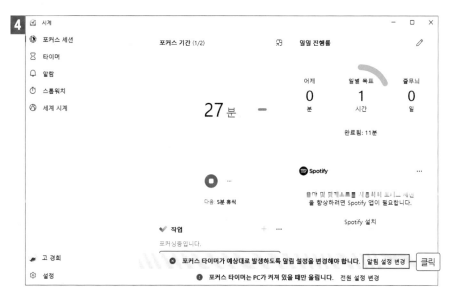

시스템의 알림이 꺼져 있을 경우 알림 설정을 변경하라는 메시지가 표시됩니다. [알림 설정 변경]을 클릭한 후, 집중 세션이 끝났을 때 소리가 울리도록 할 수 있습니다.

TIP 이미 알림 기능이 켜져 있다면 이 메시지는 표시되지 않습니다.

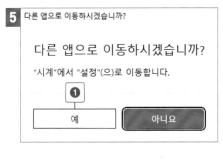

■■ 다른 앱으로 이동할 것인지 묻는 창이 표시되면 [예]를 클릭합니다.

■■■ '설정' 앱에서 '알림' 항목을 '켬'으로 바꿉니다. 이제부터 집중 세션이 끝나면 소리로 알려주게 됩니다.

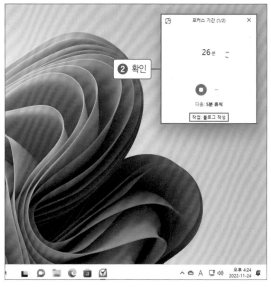

'시계' 앱으로 돌아오면 집중 세션 항목에 있는 ⟨ﷺ⟩를 클릭합니다. 집중 세션 타이머가 화면 위쪽에 작게 표시될 것입니다. 그리고 타이머 아래쪽에 어떤 작업과 연결된 집중 세션인지도 함께 나타납니다.

080 윈도우 11에서 안드로이드폰 연결하기

윈도우 11의 '휴대폰 연결' 앱을 사용하면 사용 중인 안드로이드폰을 윈도우와 연결하여 사용할 수 있습니다. 윈도우에서 휴대폰 화면을 원격 제어할 수도 있고, 휴대폰으로 찍은 사진을 가져올 수도 있죠. 우선 윈도우 11에서 안드로이드폰을 연결하는 방법을 알아보겠습니다.

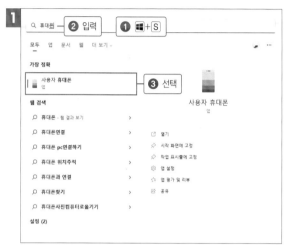
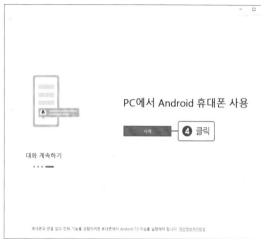

■■ ⊞+S를 누른 다음 검색 창에 '휴대폰'을 입력하고 [사용자 휴대폰]을 선택합니다.

■■ PC에서 안드로이드 휴대폰을 사용하기 위해 [시작]을 클릭합니다.

'Windows와 연결 앱이 준비되었습니다.'에 체크한 다음 [QR 코드를 사용하여 연결]을 클릭합니다. 휴대폰에서 스캔할 수 있는 QR 코드 화면으로 이동합니다.

TIP 윈도우에 마이크로소프트 계정으로 로그인되어 있지 않은 경우 휴대폰을 연결하기 전에 마이크로소프트 계정으로 연결해야 합니다.

[휴대폰] 안드로이드 폰의 [설정]-[연결]-[Windows와 연결]을 선택한 다음, [휴대폰과 PC 연결]을 터치합니다.

[휴대폰] PC 화면에 QR 코드가 표시되어 있는지 확인한 다음 휴대폰 화면에서 [계속]을 터치합니다. 그리고 PC 화면에 있는 QR 코드를 스캔하세요.

[**휴대폰**] 휴대폰에서 'Windows와 연결' 앱에서 필요한 권한들을 설정해야 합니다. [계속]을 클릭하세요. 그리고 모두 [허용]을 클릭하고 마지막에 [완료]를 클릭합니다. 앱 권한 설정이 끝나면 설정 화면에 연결된 데스크톱 이름과 마이크로소프트 계정이 표시됩니다.

TIP 화면에 나타난 앱 개선 참여 여부는 '허용'이나 '거부' 어떤 것을 선택해도 앱을 사용하는 데 영향을 주지 않습니다.

■■ [**PC**] PC와 휴대폰이 연결되면 PC의 '휴대폰과 연결' 앱에는 모든 준비가 완료되었다는 메시지가 표시됩니다. [계속]을 클릭합니다.

■■ 휴대폰과 연결이 끝나면서 드디어 '휴대폰과 연결' 앱을 사용할 수 있게 되었습니다. [시작]을 클릭합니다.

■■ '휴대폰과 연결' 앱을 처음 실행할 경우 작업 표시줄에 추가할 것인지 묻는 창이 표시됩니다. 휴대폰과 자주 연결해서 사용한다면 작업 표시줄에 추가하는 것이 편리하겠죠? 작업 표시줄에 추가하려면 [예]를 클릭하고 그렇지 않다면 [아니요]를 클릭합니다.

■■ 각 기능에 대한 도움말을 연결해 주는 화면이 표시되는데 [건너뛰기]를 클릭하여 앱 화면으로 넘어가 보겠습니다.

081 | 윈도우 PC에서 안드로이드 휴대폰 살펴보기

윈도우 11에서 안드로이드폰에 연결하는 데 성공했다면 이제 윈도우 컴퓨터에서 휴대폰의 앱을 사용할 수도 있고, 휴대폰의 사진을 열어볼 수도 있습니다. 휴대폰에 손 대지 않고 휴대폰을 사용하는 방법을 알아보겠습니다.

이론 **윈도우에서 휴대폰 앱 실행하기**

'휴대폰과 연결' 화면이 열리면 위쪽에 '메시지'와 '앱', '통화', '사진' 탭이 있습니다. 기본적으로 '앱' 탭이 선택되어 있는데 여기에는 휴대폰에 설치된 앱들이 모두 표시됩니다.

| '앱' 탭

'휴대폰과 연결' 앱에서 휴대폰의 앱을 클릭하면 화면 왼쪽에 휴대폰 화면이 표시되면서 앱을 실행할 수 있습니다.

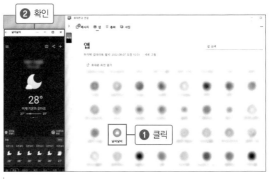

| '앱' 탭

'메시지' 탭에는 휴대폰에서 받은 메시지들이 표시되어 PC에서 직접 휴대폰의 메시지를 확인할 수도 있고, 메시지를 작성해서 보낼 수도 있습니다.

| '메시지' 탭

'전화' 탭을 클릭하면 휴대폰의 연락처를 가져와 전화를 걸거나 받을 수 있는데, 블루투스가 설치된 PC에서만 가능합니다.

'전화' 탭

이론 **윈도우에서 휴대폰 사진 살펴보기**

'사진' 탭에서는 휴대폰으로 찍은 사진을 볼 수 있겠죠? '휴대폰과 연결' 앱에서 처음으로 사진을 확인하려고 할 때에는 휴대폰의 갤러리에 접근하기 위한 권한이 필요합니다. PC 화면에서 [알림 보내기]를 클릭한 다음, 휴대폰 화면에서 사진 권한을 요청하면 [허용]을 터치합니다.

이제 '휴대폰과 연결' 앱에 휴대폰에 있던 사진이 표시됩니다. 각 사진을 하나하나 살펴볼 수도 있고, 휴대폰에서 PC로 가져오고 싶은 사진은 사진 위의 [다른 이름으로 저장]을 선택하여 PC에 저장할 수도 있습니다.

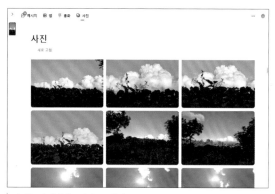

휴대폰의 사진이 표시된 PC 화면

휴대폰의 사진을 PC에 저장하기

'휴대폰과 연결' 앱의 왼쪽 위에 작은 휴대폰 그림
이 있는데, 이 그림을 클릭한 다음 휴대폰 잠금을
해제하면 휴대폰 화면이 PC에 표시됩니다. PC에
서 휴대폰을 제어할 수 있게 되는 것이죠.

왼쪽에 표시된 휴대폰 화면을 통해 휴대폰으로 할 수 있는 것을 PC에서 실행할 수 있습니다.

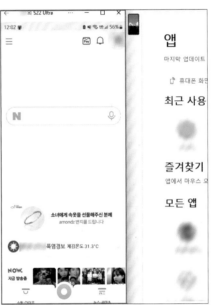

082 | 캡처 도구를 사용해 화면 캡처하기

컴퓨터 작업을 할 때 화면을 다른 사람과 공유하기 위해 작업 화면의 일부나 전체를 캡처할 경우가 있습니다. 윈도우 11에는 컴퓨터 화면을 자유롭게 캡처할 수 있고 캡처한 화면에 형광펜 등을 사용하여 원하는 내용을 그려 넣을 수 있는 '캡처 도구'가 포함되어 있습니다.

실습 | 캡처 도구 앱을 실행해서 시작하기

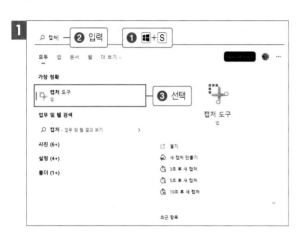

캡처하려는 내용이 열려 있는 상태에서 ⊞+S를 누른 다음 '캡처'를 검색하여 '캡처 도구' 앱을 실행합니다.

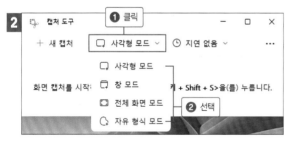 

■■ 어떤 형태로 캡처할 것인지 선택합니다. '사각형 모드' 부분을 클릭한 다음 원하는 형태를 선택합니다. 여기에서는 '사각형 모드'를 선택해 보겠습니다

- **사각형 모드**: 캡처할 영역을 마우스로 드래그하면 사각 영역이 만들어지는데, 마우스 버튼에서 손을 떼면 선택한 사각 영역만큼 캡처합니다.

- **창 모드**: 열려 있는 창 위로 마우스 포인터를 옮길 때마다 해당 창만 밝게 표시됩니다. 밝게 표시된 창에서 클릭하면 그 창 전체를 캡처합니다.

- **전체 화면 모드**: 모니터 화면 전체를 캡처합니다. 현재 화면에 열려 있는 모든 내용을 한꺼번에 캡처할 수 있습니다.

- **자유 형식 모드**: 마우스를 움직이면서 원하는 형태로 영역을 만들 수 있고, 마우스 버튼에서 손을 떼면 만든 영역만큼 캡처합니다.

■■ 캡처 영역 모드를 선택했다면 [새 캡처]를 클릭합니다.

■■ 화면이 흐리게 바뀐 상태에서 십자 모양(+)으로 바뀐 마우스 포인터로, 캡처하고 싶은 영역만큼 드래그하여 선택합니다.

■■ 캡처가 끝나면 캡처 도구 화면에 방금 캡처한 영역이 표시됩니다. 이 상태에서 🖫을 클릭해서 이미지 파일로 저장합니다.

TIP 필요하다면 🗑나 🗑를 클릭해서 캡처한 이미지에 표시를 하거나 형광펜으로 칠한 다음에 저장할 수도 있습니다.

이론 단축키를 사용해 캡처하기

캡처 도구를 사용할 때 굳이 앱을 실행하지 않고도 ⊞+Shift+S를 누르면 즉시 캡처 화면으로 바꿀 수 있습니다. 캡처 화면 위에 나타나는 도구에서 캡처 모드를 선택하면 즉시 캡처를 시작할 수 있습니다.

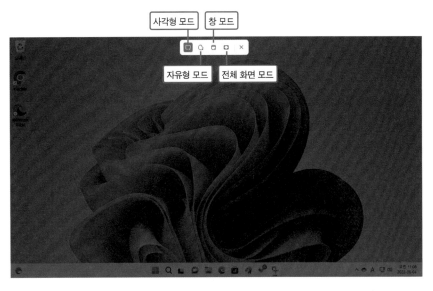

단축키를 사용해 화면을 캡처하면 그 상태로 윈도우의 클립 보드에 적용됩니다. 그래서 원하는 문서 편집 프로그램이나 기타 원하는 위치에서 Ctrl+V를 눌러 즉시 붙여 넣을 수 있습니다.

TIP 캡처한 화면을 파일로 저장하고 싶다면 그림판을 실행하고 Ctrl+V를 눌러 캡처 화면을 붙여 넣은 다음 파일로 저장합니다.

083 │ 그림판에서 워터마크 삽입하기

워터마크란 문서나 이미지 위에 삽입하는 간단한 텍스트나 로고를 가리킵니다. 다른 사람이 도용할 수 없도록 도장을 찍어 두는 셈이죠. 윈도우 11의 그림판을 사용하면 블로그나 소셜 네트워크에 이미지나 사진을 공유할 때 워터마크를 추가해서 무단 도용을 막을 수 있습니다.

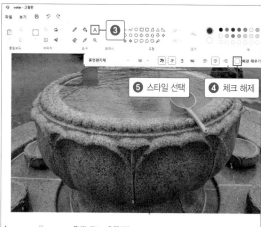

■■ ⊞+S를 누른 다음 '그림판'을 검색해서 실행합니다. [파일]-[열기]를 선택하여 워터마크를 추가할 사진이나 편집 이미지를 가져옵니다.

■■ 그림판의 도구 중 [텍스트] A를 클릭하면 가장 먼저 텍스트 스타일을 선택할 수 있는 작은 창이 표시됩니다. 여기에서 '배경 채우기'에 체크되어 있지 않아야 합니다. 그래야 배경을 투명하게 처리할 수 있으니까요. 글꼴과 글자 크기 등 원하는 스타일을 선택합니다. 나중에 수정할 수 있습니다.

■■ 워터마크 텍스트를 입력합니다. 필요하다면 글자 크기나 색상 등을 바꿀 수 있습니다.

■■ 텍스트 주변의 점선 부분을 클릭한 다음 원하는 위치로 끌어 옮겨서 적절한 위치에 워터마크를 가져다 놓습니다. 크기나 위치 등 모두 마음에 든다면 텍스트 바깥 부분을 클릭해서 고정합니다.

084 | 클립보드 내용 저장해서 사용하기

윈도우에서 [Ctrl]+[C]를 눌러 복사한 내용은 '클립보드'에 저장됩니다. 그런데 클립보드는 기본적으로 다른 것이 저장되면 이전에 저장했던 내용은 사라져 버리죠. 한 번에 하나씩만 저장되기 때문입니다. 하지만, 윈도우 11에서는 클립보드에 여러 내용을 저장해 놓고 원하는 것을 골라서 붙일 수 있습니다.

이론 클립보드 켜기

[⊞]+[V]를 누르면 '클립보드' 창이 열립니다. [켜기]를 클릭합니다.

이제부터 [Ctrl]+[C]를 눌러서 복사한 텍스트나 이미지는 클립보드에 차곡차곡 저장되고, [⊞]+[V]를 누르면 언제든지 클립보드 내용을 확인할 수 있습니다.

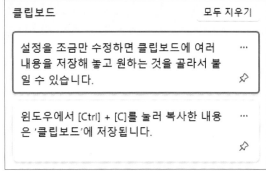

| 클립보드

이론 클립보드 내용 붙여넣기

클립보드에 저장된 내용들은 필요할 때마다 꺼내서 붙여 넣을 수 있습니다. 한번 붙여 넣었다 하더라도 복사한 내용은 그대로 클립보드에 남아 있습니다.

예를 들어 메모장에 클립보드 내용을 붙여 넣는다면, 메모장을 실행한 다음 [⊞]+[V]를 누릅니다. 클립보드에는 가장 최근에 사용했던 순서대로 항목이 나열되는데, 붙여 넣을 항목을 클릭합니다.

이론 클립보드 항목 고정하기

클립보드에는 최대 25개의 내용을 저장할 수 있습니다. 그래서 25개가 넘을 경우 가장 오래전에 사용했던 항목부터 자동으로 삭제됩니다. 클립보드의 내용 중 삭제하지 않고 계속 남겨둘 항목은 내용 오른쪽에 있는 [항목 고정] 📌를 클릭해서 고정해 둘 수 있습니다. 고정된 항목에는 📌로 바뀌어 표시됩니다.

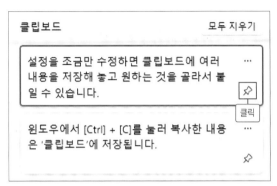 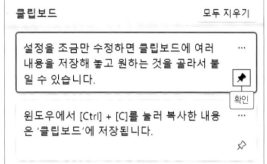

이론 클립보드에서 항목 삭제하기

클립보드에 더 이상 남겨둘 필요가 없는 항목은 클립보드에서 삭제할 수 있습니다. 삭제할 항목 오른쪽 위에 있는 [자세히 보기] (…)를 클릭한 다음 [삭제](🗑)를 클릭합니다.

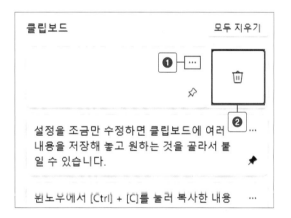

클립보드에 있는 내용을 모두 지우려면 클립보드 창에서 목록 위에 있는 [모두 지우기]를 클릭합니다.

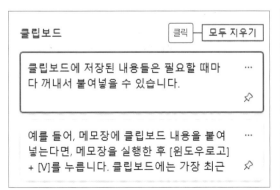 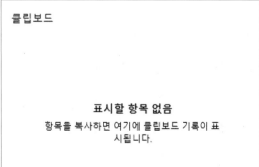

마이크로소프트 계정으로 윈도우에 로그인하고, 여러 장치에서 같은 계정을 사용하고 있다면 클립보드에 있는 내용을 장치 간에 공유할 수 있습니다. 예를 들어, 회사 컴퓨터에서 저장한 클립보드를 집에 있는 노트북에서 똑같이 열어볼 수 있는 것이죠.

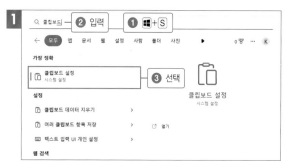

■■ ⊞+S 를 누른 다음 '클립보드'로 검색하면 '클립보드 설정'을 찾을 수 있습니다. '클립보드 설정'을 선택하세요.

TIP 윈도우 설정 창에서 [시스템]–[클립보드]를 차례로 선택해도 됩니다.

■■ '장치 간 공유' 항목의 [시작]을 클릭합니다.

TIP 윈도우 11 설정 앱 안에서 '장치 간 공유'와 '장치 간 동기화'라는 용어가 섞여서 사용되고 있는데, 모두 같은 의미입니다.

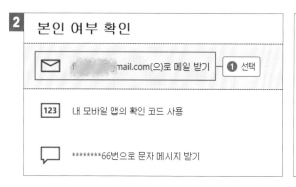

클립보드를 공유하기 위해서는 본인 확인 절차가 필요할 수도 있습니다. 본인 확인은 원하는 방식을 선택할 수 있는데, 여기에서는 메일 계정으로 보안 코드를 받아서 입력하는 방식을 선택했습니다.

본인 확인이 끝나면 설정 창에 '장치 간 동기화'가 켜집니다. 기본적으로 '복사한 텍스트를 자동으로 동기화'가 선택되어 있습니다. 이제부터 같은 계정으로 다른 장치에 로그인하더라도 같은 클립보드를 사용할 수 있습니다.

TIP 필요할 때만 동기화 하려면 '복사한 텍스트를 수동으로 동기화'를 선택합니다.

085 | 바탕 화면에 포스트잇 붙이기-스티커 메모

업무 중 잊지 말아야 할 내용이 있으면 보통 포스트잇에 메모한 다음 모니터 주변에 붙여 놓곤 합니다. 윈도우 11의 '스티커 메모' 앱을 사용하면 윈도우 바탕 화면에 메모를 붙여 놓고 언제든 확인할 수 있습니다.

이론 스티커 메모 실행하기

⊞+S를 누른 다음 '스티커'로 검색하면 '스티커 메모'를 쉽게 찾을 수 있습니다. [스티커 메모]를 클릭해서 실행합니다.

TIP 스티커 메모 앱을 자주 사용한다면 검색 결과에 나타난 [작업 표시줄에 고정]을 선택해서 작업 표시줄에 추가해 둘 수 있습니다.

스티커 메모 앱을 처음 실행한다면 메모를 동기화할 계정을 선택합니다.

TIP 메모를 동기화하면 다른 장치에서 메모를 공유해서 사용할 수 있습니다.

이론 메모 작성하기

스티커 메모 앱을 실행하면 빈 메모 창이 열리는데 그곳에 원하는 내용을 입력합니다. 메모 입력 창이 열려 있지 않다면 메모 목록 위에 있는 [새 메모](⊞)를 클릭해서 새 메모 창을 엽니다.

메모 작성이 끝나면 메모 입력 창 오른쪽 위에 있는 [닫기](☒)를 클릭해 보세요. 메모 입력 창이 닫히면서 메모 목록에 추가됩니다. 같은 방법으로 여러 개의 메모를 추가할 수 있고, 메모 목록에 있는 항목을 더블클릭하면 메모 창에 크게 표시할 수 있습니다.

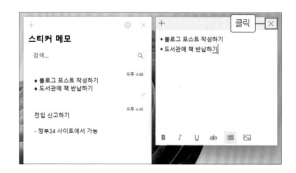

이론 **메모 색상 바꾸기**

메모 입력 창 오른쪽 위에 있는 [메뉴](⋯)를 클릭하면 메모 색상을 다른 색으로 바꿀 수 있습니다. 메모를 용도별로 구분하거나 중요도 순으로 구별해야 할 때 색상을 이용하면 편리합니다.

이론 **메모 삭제하기**

메모 목록에서 메모를 삭제하려면 해당 항목의 오른쪽 위에 있는 [메뉴](⋯)를 클릭한 다음 [메모 삭제]를 선택합니다.

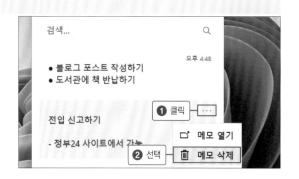

메모 입력 창에서 현재 메모를 삭제하려면 메뉴 창 오른쪽 위에 있는 [메뉴](⋯)를 클릭한 다음 [메모 삭제]를 선택합니다.

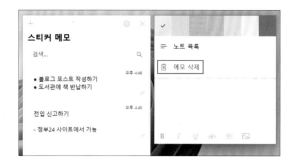

086 | 계산기 앱, 똑똑하게 활용하기

윈도우 11의 '계산기' 앱은 단순히 우리가 사용하는 일반 계산기를 윈도우로 옮겨 놓은 것 같지만 조금만 들여다보면 많은 기능이 숨어 있습니다. 환율 변환부터 공학용 계산, 날짜 계산까지 계산기를 똑똑하게 활용하는 방법을 알아보겠습니다.

이론 **계산기 앱 실행하기**

⊞+S를 누른 다음 '계산기'를 검색해서 계산기 앱을 실행합니다. 계산기 앱의 첫 화면은 익숙한 표준 계산기입니다.

| 계산기 앱

이론 **변환기 사용하기**

윈도우 11의 계산기 앱은 다양한 단위를 바꿔서 계산해 주는 '변환기' 기능을 함께 가지고 있습니다. 계산기 앱 창의 왼쪽 위에 있는 [탐색 열기](≡) 버튼을 클릭하면 여러 종류의 '변환기'를 선택할 수 있습니다.

예를 들어 '온도'를 선택하면 화씨를 섭씨로, 혹은 섭씨를 화씨로 변환해서 볼 수 있습니다.

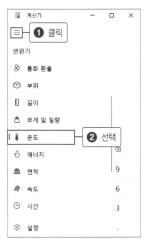 

| 계산기 앱의 '온도 변환기' 기능

환율처럼 계속 변하는 값이 필요한 변환기도 자동으로 환율 정보를 가져와 변환해 주기 때문에 편리하죠.

계산기 앱의 '통화 환율 변환기' 기능

이론 **특정 날짜로부터 100일 후는 언제일까**

계산기 앱에는 특정한 날짜로부터 '100일 후' 혹은 '1년 2개월 3일 전'처럼 날짜를 추가하거나 뺄 수 있는 기능이 포함되어 있습니다.

계산기 앱 창의 왼쪽 위에 있는 [탐색 열기](☰) 버튼을 클릭한 다음 '날짜 계산'을 선택합니다. 기본적으로 '날짜 간 차이'가 선택되어 있죠? '날짜 간 차이' 항목을 클릭하여 '일 합산 또는 빼기'를 선택합니다.

'시작일'에 있는 날짜를 클릭하여 달력에서 원하는 시작 날짜를 선택한 다음 특정일 후의 날짜를 알고 싶다면 '추가'를 선택하고, 특정일 전의 날짜를 알고 싶다면 '빼기'를 선택합니다. 그리고 아래에서 원하는 연, 월, 일 수를 지정하면 바로 아래에 계산된 날짜를 보여줍니다.

예를 들어, 다음 화면은 2022년 1월 1일을 기준으로 100일 후의 날짜를 계산한 것입니다.

12장

윈도우 11로
다시 돌아온 파워토이

파워토이(PowerToys)는 윈도우에서 편리하게 쓸 수 있는 기능을 모아 놓은 유틸리티 모음입니다. 여러 이미지의 크기를 한꺼번에 바꾼다거나 화면의 레이아웃을 바꾸는 등 윈도우에는 없지만 꼭 필요했던 기능들이 있어서 설치해 두면 유용하게 사용할 수 있습니다. 파워토이에 포함된 기능 중 자주 사용하는 것 중심으로 살펴보겠습니다.

087 | 파워토이 설치하기

파워토이는 윈도우 환경을 조절해서 좀더 편리한 윈도우를 만들 수 있도록 작은 프로그램들을 모아 놓은 유틸리티 모음입니다. 윈도우 95 시절부터 마이크로소프트사의 엔지니어들이 윈도우를 편리하게 사용할 수 있게 해주는 기능을 개발해서 서로 공유하다가 사용자를 위해 배포하기 시작한 것이죠.

실습 파워토이 설치하기

■▨ 파워토이는 마이크로소프트 스토어에서 쉽게 다운로드하고 설치할 수 있습니다. 윈도우 작업 표시줄에서 [Microsoft Store](▦)를 클릭해서 마이크로소프트 스토어 앱을 실행합니다. 앱의 맨 위에 있는 검색 창에 'powertoys'라고 검색하면 관련된 앱들이 여러 개 나타나는데 그중 'Microsoft PowerToys'를 선택합니다.

TIP ▦+S를 누른 다음 '스토어'로 검색해서 '마이크로소프트 스토어' 앱을 실행할 수도 있습니다.

■■ 파워토이에 대한 설명 화면으로 이동하면 [설치]를 클릭합니다. 설치 파일 다운로드가 끝나면 설치까지 자동으로 진행됩니다. 설치 파일의 크기가 크기 때문에 다운로드하고 설치하는 데 시간이 걸립니다. 멈춘 것처럼 보이더라도 설치가 끝날 때까지 기다려주세요.

파워토이

■▨ 파워토이 설치가 끝나면 즉시 파워토이 화면이 실행됩니다. 참고로 이 책을 집필 중인 현재 파워토이는 프리뷰 버전이므로 일부 메뉴와 명령이 한글이 아닌 영문으로 표시됩니다. 참고하세요.

■■ 파워토이 앱 창을 닫더라도 작업 표시줄의 시스템 아이콘 트레이를 보면 PowerToys 아이콘(▦)이 있습니다. 이 아이콘을 더블클릭하면 언제든지 파워토이 앱을 열 수 있습니다.

잠깐
만요 **직접 설치 파일 다운로드해서 설치하기**

마이크로소프트 스토어에서 설치할 수 없을 경우 직접 설치 파일을 다운로드해서 설치할 수 있습니다. 웹 브라우저 주소 표시줄에 aka.ms/installpowertoys를 입력하면 파워토이 깃허브 저장소로 이동합니다. 화면 아래쪽에 다운로드할 수 있는 설치 파일이 표시되는데 PowerToysSetup-0.##.#-x64.exe를 클릭하면 파일을 다운로드할 수 있습니다. ARM 프로세서를 사용하는 컴퓨터라면 PowerToysSetup-0.##.#-arm64.exe를 다운로드합니다. 여기에서 #는 버전 숫자인데 여러분이 접속할 때는 화면과 다른 숫자가 나타날 수 있습니다.

다운로드한 파일을 더블클릭하면 파워토이를 설치합니다.

| 파워토이 설치 파일 다운로드 | 파워토이 설치 화면 |

이론 **파워토이에 포함된 기능들**

파워토이를 설치할 경우 윈도우에서 사용할 수 있는 기능을 간략히 살펴보겠습니다.

TIP 파워토이가 업데이트될 때마다 새로운 항목이 추가되거나 기존 항목이 삭제될 수 있습니다.

- **항상 위**: 원하는 창을 항상 바탕 화면 위에 표시되도록 합니다.
- **절전 모드 해제**: 파일을 다운로드하거나 시간이 오래 걸리는 작업을 할 때 윈도우가 절전 모드가 되지 않도록 설정합니다.
- **Color Picker**: 화면에 보이는 이미지나 사이트 등에서 특정 부분의 색상 값을 알아냅니다.
- **FancyZones**: 앱 창을 끌어 옮겨서 화면에 여러 형태로 배치합니다.

- **파일 탐색기 추가 기능**: 윈도우 탐색기에 추가할 수 있는 여러 기능들을 모아 놓았습니다.
- **Image Resizer**: 선택한 이미지들의 크기를 한꺼번에 조절합니다.
- **Keyboard Manager**: 키보드마다 레이아웃이 똑같지 않기 때문에 키보드의 특정 키를 내가 원하는 다른 형태의 키로 매핑해서 사용할 수 있습니다. 예를 들어, '한자' 키를 'Alt' 키로 매핑해서 사용할 수 있습니다.
- **마우스 유틸리티**: 화면에서 마우스 커서의 위치를 알아보기 쉽게 표시합니다.
- **PowerRename**: 한꺼번에 여러 파일을 선택해서 이름을 바꿀 수 있습니다.
- **PowerToys Run**: 시작 메뉴에서 더 빠르고 쉽게 앱을 실행할 수 있습니다.
- **Shortcut Guid**: 윈도우의 단축키를 쉽게 찾아볼 수 있습니다.

TIP 기존의 '화상 회의 음소거' 항목은 더 이상 사용할 수 없습니다.

이론 **관리자 자격으로 실행하기**

파워토이에 포함된 여러 기능 중에는 윈도우 시스템 설정을 조절해야 하는 것이 있습니다. 그래서 파워토이를 제대로 사용하려면 관리자 자격으로 파워토이를 실행해야 합니다.

이미 관리자 계정으로 설치했다면 별다른 메시지가 표시되지 않지만, 관리자 계정이 아닌 사용자 계정으로 로그인하고 설치했다면 파워토이를 실행했을 때 첫 화면에 관리자 권한으로 실행하라는 메시지가 나타납니다. 이 경우에는 [관리자 자격으로 PowerToys 다시 시작]을 클릭합니다.

사용자 계정 컨트롤 창이 표시되면 [예]를 클릭합니다. 이제부터 윈도우 설정과 관련된 기능도 자유롭게 사용할 수 있습니다.

잠깐만요 **파워토이는 오픈 소스입니다.**

몇 년 전부터 파워토이를 오픈 소스 형태로 공개하고 있습니다. 누구나 소스를 다운로드해서 자신의 프로그램에 사용할 수도 있고, 파워토이에 추가하고 싶은 기능이 있다면 깃허브를 통해 제안할 수도 있습니다.

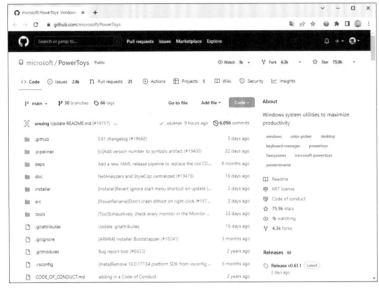

파워토이 깃허브 저장소

088 원하는 앱을 항상 화면 위에 표시하기

To Do 앱이나 스티커 메모 앱처럼 항상 화면에 표시해 두고 보면 좋은 앱들이 있습니다. 사용자에 따라 이런 앱들은 달라지 겠지요. 컴퓨터를 사용할 때 화면 위에 표시해 두면 다른 앱에 가려지지 않아서 언제든지 살펴볼 수 있습니다.

파워토이 앱 창에서 '항상 위' 항목을 보면 이 기능을 활성화시키는 단축키가 있습니다. ⊞+Ctrl +T라는 이 단축키만 기억해 두면 됩니다.

예를 들어, To Do 앱 창을 항상 화면 위에 표시하고 싶다면 To Do 앱을 열고 화면 내부를 한 번 클릭해서 To Do 앱 창을 선택합니다. 그리고 ⊞ +Ctrl+T를 클릭합니다.

To Do 앱 창 주변에 굵은 선이 그려지면서 이 창은 고정된 창이라는 것을 표시해 줍니다. 한 번 더 ⊞+Ctrl+T를 클릭하면 '항상 위' 기능이 해제됩니다.

이렇게 To Do 앱 창이 항상 위에 표시된 상태에서는 어떤 앱을 실행하더라도 To Do 앱 창 아래에 표시됩니다.

'항상 위'가 활성화된 To Do 앱

205

089 | 절전 모드 해제하기

윈도우의 절전 모드는 일정 시간 동안 사용자의 반응이 없을 경우 시스템의 전원을 최소한으로 유지하는 기능입니다. 화면도 꺼지고 윈도우도 실행을 멈추게 되죠. 절전 모드가 편리하기는 하지만 일시적으로 절전 모드를 꺼야 할 경우가 생기면 윈도우 설정 창을 열고 해당 항목을 찾아서 꺼야 합니다. 물론 작업이 끝나면 다시 켜 놓아야 하죠. 이 과정을 간단히 해결할 수 있습니다.

파워토이가 실행되면 윈도우의 작업 표시줄 끝에 PowerToys 아이콘(🖥)과 PowerToys Awake 아이콘(🖥)이 함께 표시됩니다. 절전 모드를 꺼야 할 때는 작업 표시줄에 있는 PowerToys Awake 아이콘을 클릭합니다.

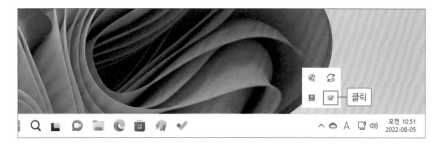

PowerToys Awake 아이콘(🖥) 위로 메뉴가 나타나는데 [Mode] 위로 마우스 커서를 올리면 선택할 수 있는 세 가지 옵션이 표시됩니다.

> TIP 작업 표시줄에 나타나는 파워토이 메뉴는 아직 영문으로 표시되지만 시간이 흐르면 한글화되어 표시될 것입니다.

• **Off(keep using the selected power plan)**: 파워토이의 절전 모드 해제 기능을 끄고 윈도우 전원 계획을 계속 사용합니다.

• **Keep awake indefinitely**: 무기한으로 절전 모드를 사용하지 않습니다. 컴퓨터를 종료하지 않는 이상 계속 켜져 있게 됩니다.

• **Keep awak temporaily**: 일시적으로 절전 모드를 해제합니다. 이 항목을 선택하면 30분, 1시간, 2시간 단위로 켜 놓을 시간을 선택할 수 있습니다.

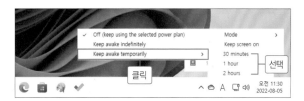

절전 모드 해제 시간을 좀더 세밀하게 조절할 수도 있습니다. 파워토이 앱 화면에서 '절전 모드 해제'를 선택한 다음 '모드'에서 [일시적으로 절전 모드 해제 유지]를 선택합니다.

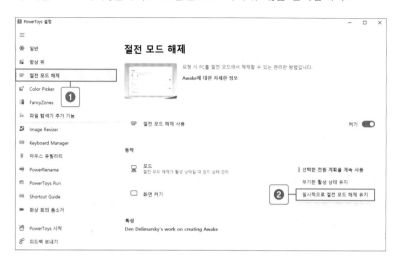

바로 아래에 '이전 절전 모드 해제 상태로 돌아가기 전의 시간'이라는 항목이 표시됩니다. 절전 해제 모드를 얼마나 지속할 것인지 지정하는 곳이죠. 예를 들어, 자리를 1시간 20분 정도 비우더라도 계속 컴퓨터가 켜져 있게 하고 싶다면 '1시간'과 '20분'으로 나누어 설정하면 됩니다.

090 | Color Picker

컬러 피커(Color Picker)는 이름 그대로 색상을 추출하는 기능입니다. 웹 디자이너나 그래픽 디자이너는 색상 추출을 위해 따로 앱을 설치해서 사용하곤 하는데, 파워토이를 사용한다면 컬러 피커 앱이 없이도 간단하게 색상을 추출할 수 있습니다.

파워토이에서 Color Picker 항목을 선택하면 컬러 피커를 사용하기 위한 단축키가 표시됩니다. ⊞+Shift+C가 컬러 피커의 단축키입니다.

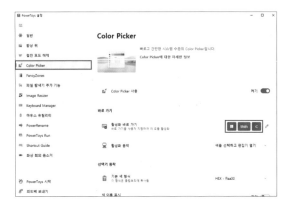

어떤 화면에서든 ⊞+Shift+C를 누르면 마우스 커서가 움직이는 부분마다 색상이 표시됩니다. 추출하고 싶은 부분을 클릭해 보세요.

color picker 화면에 현재 선택한 색상의 16진수 값과 RGB값, HSL 값이 표시됩니다. 이 세 가지 형식 중 사용하고 싶은 값의 오른쪽에 있는 🗐를 클릭하면 해당 값이 클립보드로 복사됩니다. 복사한 값을 원하는 곳에 붙여 넣고 사용합니다.

color picker 화면에서 ✏를 클릭하면 다시 색상을 선택할 수 있습니다. 선택한 색상들은 color picker 화면에 계속 저장되기 때문에 필요하면 이전에 선택했던 색상을 손쉽게 찾아서 사용할 수 있습니다.

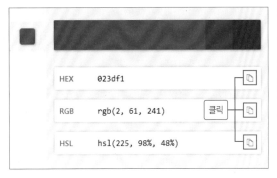

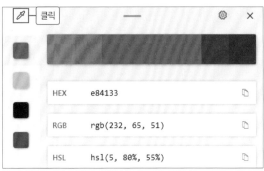

091 | FancyZones

FancyZones은 윈도우의 창 관리 기능입니다. 한 화면에 여러 개의 앱 창이 열려 있을 경우 한눈에 볼 수 있도록 창을 배치할 수 있죠. 윈도우 11의 윈도우 스냅과 같은 기능입니다. FancyZones을 사용하면 창 배치 레이아웃을 사용자가 원하는 형태로 만들고 배치할 수 있습니다.

이론 ── 사용자 지정 레이아웃 만들기

⊞ + Shift + ` 를 누르면 FancyZones 편집 창이 표시됩니다. 여기에서 ` 키는 쉼표가 아니라 1 키 왼쪽에 있는 백틱 키입니다. 주의하세요.

이미 만들어져 있는 템플릿 중에 선택할 수도 있고 원하는 형태로 만들 수도 있습니다. 새로운 레이아웃을 만들기 위해 [새 레이아웃 만들기]를 클릭합니다.

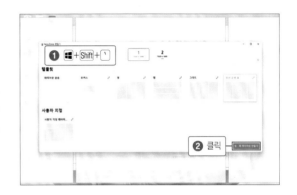

레이아웃 이름을 지정하고 '그리드'가 선택된 상태에서 [만들기]를 클릭합니다.

> **TIP** '캔버스'를 선택하면 앱 창과 창을 겹쳐서 레이아웃을 만들 수 있습니다.

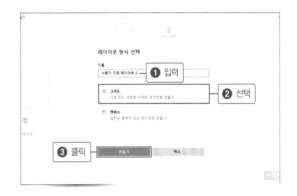

이미 만들어져 있는 영역 위로 마우스 커서를 움직이면 굵은 파란색 막대가 표시됩니다. 원하는 위치에서 클릭하면 그 위치를 기준으로 가로로 구분됩니다. Shift 키를 누른 상태로 마우스 커서를 움직이면 세로 구분선을 추가할 수 있습니다.

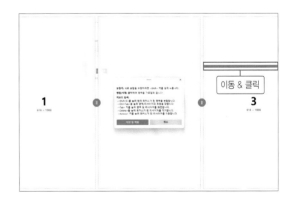

영역과 영역 사이에 있는 리사이저 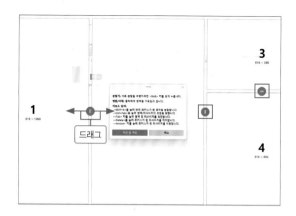를 드래그
하면 영역의 크기를 조절할 수 있습니다.

추가했던 영역을 삭제하려면 리사이저를 삭제해야
합니다. [Tab] 키를 누를 때마다 영역이 차례로 선
택되고 이어서 리사이저가 선택되는데, 삭제하려
는 리사이저 주변에 점선이 나타나면 그 리사이저
가 선택됐다는 의미입니다. 그때 [Del] 키를 누르
면 해당 리사이저가 삭제되면서 두 개로 나뉘었던
영역이 하나로 합쳐집니다.

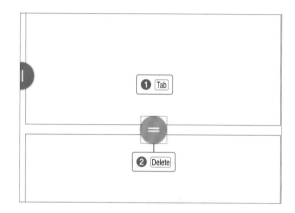

이론 **레이아웃에 맞춰 창 정렬하기**

창 배치 레이아웃을 만들었다면 그 레이아웃 안에
창을 끌어 옮길 수 있습니다. Shift 키를 누른 상태
로 창의 맨 윗부분을 클릭하면 FancyZone에서
만든 레이아웃이 희미하게 나타나는데 원하는 영
역으로 창을 끌어 옮깁니다.

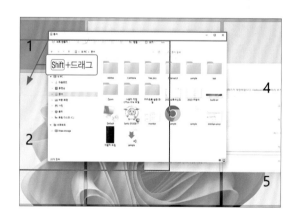

092 한꺼번에 이미지 크기 조절하기

블로그나 소셜 네트워크에 올릴 사진을 준비했는데 이미지 크기가 너무 커서 줄여야 할 경우가 종종 있죠? 이럴 때, 보통 그림판이나 이미지 편집 프로그램에서 이미지를 하나씩 불러와서 크기를 줄입니다. 파워토이를 사용하면 한꺼번에 여러 개의 이미지를 선택한 다음 크기를 조절할 수 있습니다.

 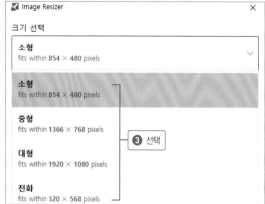

■■ 파일 탐색기에서 크기를 조절할 이미지를 모두 선택한 다음 마우스 오른쪽 버튼을 클릭하고 [그림 크기 조정]을 선택합니다.

TIP Ctrl 키를 누른 상태로 이미지를 클릭하면 여러 개의 이미지를 선택할 수 있습니다.

■■ 조절할 수 있는 크기는 '소형', '중형', '대형', '전화'처럼 미리 지정되어 있는 값을 선택할 수도 있고, '사용자 지정'을 선택하여 원하는 크기를 지정해도 됩니다. 여기에서 '전화'란 휴대폰에서 볼 수 있는 크기를 가리키는 말입니다.

TIP 이미지 크기를 표시할 때 854 * 480픽셀이라고 하는 것은 너비가 854픽셀, 높이가 480픽셀이라는 뜻입니다.

2 크기 선택

전화
fits within 320 × 568 pixels

☐ 그림 크기 축소(M)
☑ 그림 방향 무시(O)
☐ 원본 그림 크기 조정(복사본을 만들지 않음)(E)
☐ 렌더링에 영향을 주지 않는 메타데이터 제거

클릭
크기 조정   취소

크기를 선택한 다음 몇 가지 옵션을 더 선택할 수 있습니다. 여기에서는 기본 옵션 그대로 두고 [크기 조정]을 클릭해 보겠습니다.

• **그림 크기 축소**: 이 옵션을 선택하면 그림이 확장되지 않고 축소만 가능합니다.

• **그림 방향 무시**: 이 옵션을 선택하면 지정한 크기의 작은 값이 너비나 높이 중 작은 부분에 적용됩니다.

• **원본 그림 크기 조정**: 원본 그림은 그대로 있는 상태에서 크기 조정한 그림을 같은 폴더에 저장합니다.

• **렌더링에 영향을 주지 않는 메타데이터 제거**: 그림 파일에는 파일의 크기 뿐만 아니라 사진 촬영 일자, 장소 등 여러 정보들이 포함되어 있는데 이것을 메타데이터라고 합니다. 이 옵션을 선택하면 화질에 영향을 주지 않는 메타데이터를 삭제해서 파일 용량을 줄일 수 있습니다.

크기 조정 전 사진

크기 조정 후 사진

폴더에 '(전화)' 같은 접미사가 붙으면서 크기 조절된 그림이 저장됩니다. 그림을 더블클릭해서 사진 앱으로 열어보면 그림이 줄어든 것을 쉽게 확인할 수 있습니다.

이론 그림 방향 무시란?

위 옵션 중 '그림 방향 무시' 옵션에 대해 좀더 자세히 살펴보겠습니다. 예를 들어, 다음과 같이 가로로 긴 이미지의 크기를 조정한다고 가정해 보겠습니다.

그림의 크기를 320 * 568픽셀 작은 크기로 조절하면서 '그림 방향 무시'를 선택하면 그림 크기의 작은 값, 즉 320을 원본 그림의 짧은 쪽, 즉 높이에 맞춥니다. 그림의 방향과 상관없이 그림의 짧은 쪽에 작은 값을 맞춥니다.

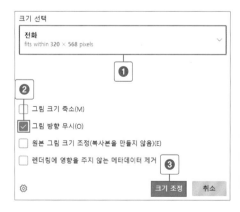

그림의 크기를 320 * 568픽셀 작은 크기로 조절하면서 '그림 방향 무시'를 선택하지 않으면 어떻게 될까요? 그림의 방향을 그대로 유지하겠다는 뜻이기 때문에 작은 값 320픽셀을 원본 그림의 너비에 맞춥니다.

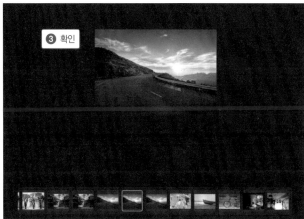

093 | 마우스 유틸리티

마우스 유틸리티는 마우스 커서 기능을 좀더 편리하게 만들어 주는 기능입니다. 단축키를 사용해 필요한 기능을 껐다 켰다 할 수 있으므로 필요할 때 원하는 기능만 잠시 켜서 사용하고 다시 꺼 두면 됩니다.

이론 내 마우스 커서 찾기

모니터 화면이 꺼졌다 켜질 때 잠시 마우스 커서를 찾지 못할 때가 있습니다. 키보드에서 왼쪽에 있는 [Ctrl] 키를 두 번 누르면 즉시 마우스 커서 찾기 기능이 켜지면서 커서 주변을 표시해 줍니다. 그리고 잠시 후에는 이 기능이 자동으로 꺼집니다.

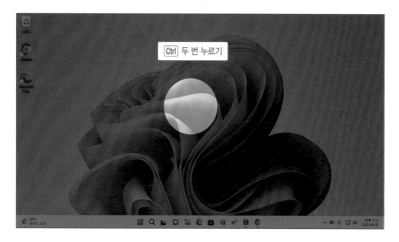

파워토이 앱에서 '마우스 유틸리티'를 선택한 다음 '마우스 찾기 사용' 항목에서 활성화 방법을 바꿔 마우스를 흔들었을 때 마우스 커서를 찾도록 바꿀 수도 있습니다.

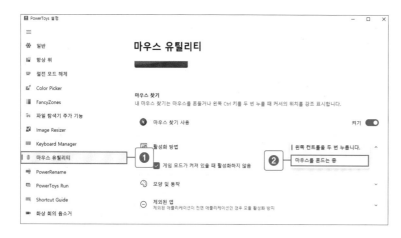

이론 마우스 형광펜 표시하기

마우스 왼쪽 버튼을 클릭하거나 오른쪽 버튼을 클릭했을 때 시각적으로 보여주는 기능도 있습니다. ⊞ +Shift+H 를 누른 다음 마우스 버튼을 눌러보세요. 마우스 커서가 잠시 형광펜으로 표시되어 쉽게 알아볼 수 있습니다. 클릭한 상태로 드래그하면 드래그하는 동안 계속 형광펜으로 표시됩니다.

형광펜 표시를 끄려면 다시 ⊞ +Shift+H 를 누릅니다.

TIP 파워토이 앱에서 '마우스 유틸리티'를 선택하면 형광펜의 색상이나 반경 등을 바꿀 수 있습니다.

이론 십자선과 함께 표시하기

마우스 커서의 움직임에 따라 십자선이 나타나도록 할 수도 있습니다. ⊞ +Alt+P 를 눌러서 십자선 표시를 켜거나 끌 수 있습니다.

TIP 파워토이 앱에서 '마우스 유틸리티'를 선택하면 십자선의 굵기와 색을 바꿀 수 있습니다.

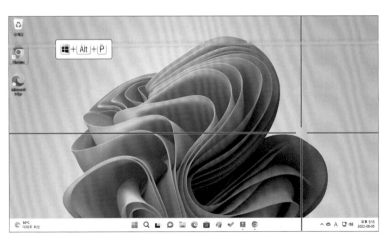

안전한 시스템 만들기

지금까지 살펴본 기능만으로도 윈도우 11을 자유롭게 사용할 수 있습니다. 하지만 윈도우의 고급 기능을 알고 있다면 시스템을 좀더 효율적으로 이용할 수 있겠죠? 하나의 컴퓨터를 가족이 함께 사용하더라도 각자 다른 환경을 만들 수 있다면 편리할 것입니다. 또한 시스템 관리법을 알고 있다면 하드 디스크를 효율적으로 관리할 수 있고 문제가 생겨도 안전하게 복구할 수 있습니다.

13장

사용자 계정 관리하기

윈도우 11의 '사용자 계정'은 하나의 컴퓨터를 여러 사용자가 공동으로 사용할 때 유용한 기능입니다. 각 사용자마다 원하는 대로 작업 환경을 만들 수 있고 다른 사용자의 작업 환경에는 아무 영향도 주지 않기 때문에 공용 컴퓨터라도 사용자마다 개인 컴퓨터를 사용하는 것처럼 사용할 수 있습니다. 또한 사용자 계정을 추가할 때 자녀의 계정을 추가하면 부모가 자녀의 컴퓨터 사용 시간이나 접속한 사이트 등을 모니터링할 수 있습니다.

094 계정 사진 변경하기

를 클릭했을 때 열리는 시작 화면에는 현재 로그인한 계정 이름과 프로필 사진이 표시됩니다. 한 컴퓨터를 여러 사용자 계정으로 로그인할 경우, 계정 사진만 보고도 현재 로그인한 계정을 쉽게 구별할 수 있습니다. 사용자 계정의 사진을 원하는 사진으로 바꾸는 방법을 알아보겠습니다.

■■ 시작 화면 아래쪽에 있는 사용자 계정을 클릭한 다음 [계정 설정 변경]을 선택합니다.

TIP 를 마우스 오른쪽 버튼으로 클릭한 다음 [설정]을 선택하고, [계정]-[사용자 정보]를 선택해도 됩니다.

■■ 계정의 사진을 바꾸기 위해 '파일 선택' 항목에 있는 [파일 찾아보기]를 클릭합니다.

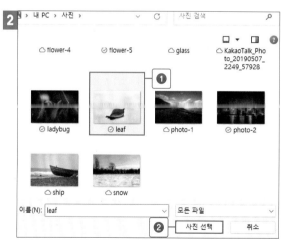
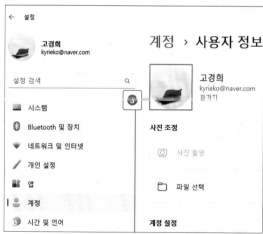

■■ 프로필로 사용할 사진을 선택한 다음 [사진 선택]을 클릭합니다.

TIP 프로필로 사용할 사진을 더블클릭해도 됩니다.

■■ 사용자 계정의 사진이 바뀐 것을 확인할 수 있습니다.

마이크로소프트 계정과 로컬 계정

'마이크로소프트 계정'을 사용하면 마이크로소프트의 클라우드 서비스인 '원드라이브' 저장 공간을 무료로 15GB까지 사용할 수 있습니다. 이 저장 공간을 통해 문서나 사진을 저장하고 공유할 수 있죠. 또한 엑셀이나 파워포인트 같은 오피스 제품이 컴퓨터에 설치되어 있지 않더라도 오피스 온라인 앱을 이용해 문서를 작성하거나 편집하여 원드라이브에 저장할 수 있습니다. 원드라이브에 대한 자세한 내용은 234쪽을 참고하세요.

반면에 '로컬 계정'은 한 대의 PC에서만 사용할 수 있는 계정을 말합니다. 로컬 계정으로 로그인해서 설정한 윈도우 환경은 해당 컴퓨터 안에 저장되고 다른 기기와 공유되지 않습니다. 그러므로 한 대의 컴퓨터를 함께 사용하는 자녀의 계정이나 임시로 컴퓨터를 사용하려는 사람의 계정은 로컬 계정으로 만들어 서로 연관되는 다른 기기에 영향을 주지 않아야 합니다

095 로그인 옵션 바꾸기

윈도우 11이 설치된 시스템이 다양해지면서 윈도우에 로그인할 수 있는 방법도 여러 가지로 늘었습니다. 마이크로소프트 계정을 사용하고 있다면 매번 암호를 입력해야 하지만, 얼굴 인식이나 지문 인식, 핀(PIN) 등 다른 방법으로 바꿀 수도 있습니다. 얼굴 인식이나 지문 인식은 사용할 수 없는 시스템도 많기 때문에 여기에서는 로그인할 때 핀을 사용하는 방법에 대해 알아보겠습니다.

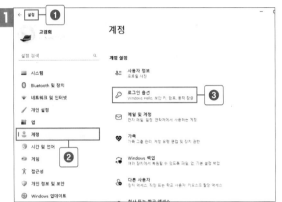

■▩ [설정]-[계정]-[로그인 옵션]을 선택합니다.

▩■ 핀 번호를 설정하기 위해 [PIN(Windows Hello)]을 클릭하면 바로 아래에 새로운 항목이 표시됩니다. [설정]을 클릭하세요.

■▩ 핀 로그인에 대한 간단한 설명이 표시됩니다. 핀을 사용하는 것은 해당 장치에만 적용된다는 점을 기억해 두세요. 같은 마이크로소프트 계정으로 여러 컴퓨터에 로그인하더라도 핀 번호는 장치마다 다르게 설정할 수 있습니다. [다음]을 클릭하세요.

▩■ 우선 마이크로소프트 계정의 암호를 사용해서 로그인합니다.

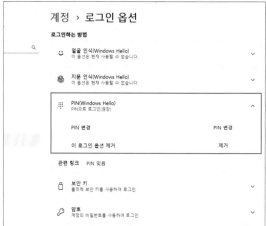

■■ 사용할 핀을 지정합니다. 핀은 간단하게 숫자를 사용해 만드는데, 문자와 기호를 섞어서 사용하고 싶다면 입력 창 아래에 있는 '문자 및 기호 포함'에 체크한 다음 핀을 만듭니다. 핀을 지정했다면 [확인]을 클릭합니다.

■■ 핀이 만들어졌습니다. 이제부터는 윈도우에 로그인할 때 암호보다 간단한 핀을 입력해서 로그인하면 됩니다.

TIP 이후에 핀을 바꾸거나 삭제하고 싶다면 [설정]-[계정]-[로그인 옵션]-[PIN]을 차례로 선택한 다음 [PIN 변경]이나 [제거]를 클릭합니다.

잠깐만요 암호와 핀을 오가며 사용하기

윈도우에 로그인할 때 갑자기 핀이 기억나지 않거나 암호가 기억나지 않을 경우, 암호나 핀으로 로그인 옵션을 바꿔서 사용할 수 있습니다.

윈도우 로그인 화면에서 암호 입력 창 아래에 있는 '로그인 옵션'을 클릭하면 바로 아래에 선택할 수 있는 옵션들이 아이콘 형태로 표시됩니다. 아래의 두 가지 아이콘 외에도 시스템에 따라 더 많은 아이콘이 표시될 수 있습니다.

• ▦: 클릭하면 핀으로 로그인합니다.
• ▨: 클릭하면 암호로 로그인합니다.

096 | 로그인 암호 변경하기

마이크로소프트 계정으로 윈도우 11을 사용한다면 마이크로소프트 계정의 암호가 윈도우 11의 로그인 암호가 됩니다. 따라서 윈도우 11의 로그인 암호를 변경하려면 마이크로소프트 계정의 암호를 변경해야 합니다.

설정 창의 [계정]-[사용자 정보] 화면에서 '계정' 항목 오른쪽에 있는 🗗을 클릭합니다.

13

사용자 계정 관리하기

웹 브라우저가 실행되면서 현재 사용하는 마이크로소프트 계정과 관련된 정보들이 표시됩니다. 화면 오른쪽 위에 있는 [비밀번호 변경]을 클릭합니다.

우선 기존의 암호를 사용해서 마이크로소프트 계정에 로그인해야 합니다. 암호를 입력한 다음 [로그인]을 클릭합니다.

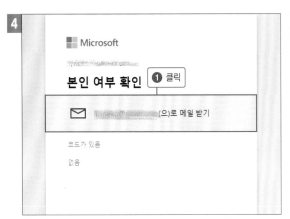

본인 확인을 위해 인증 코드가 필요합니다. 메일주소를 확인하고 클릭합니다. 이어서 메일을 확인하여 인증 코드를 입력하고 [확인]을 클릭합니다.

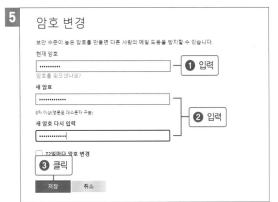

기존 암호와 새로 사용할 암호를 두 번 입력하고 [저장]을 클릭합니다. 암호 변경이 완료되면 다시 한번 로그인 창이 표시되는데, 이번에는 변경한 새 암호를 입력하고 [로그인]을 클릭합니다.

성공적으로 암호가 변경되었다면 마이크로소프트 계정 관리 창이 표시됩니다.

097 | 로그인 암호를 잊어버렸다면

로그인 암호를 잊어버렸거나 기억하는 로그인 암호가 잘못된 것이라면 윈도우를 시작할 수 없는 난처한 상황이 됩니다. 이러한 경우에 로그인 암호를 바꿔 로그인하는 방법을 알아보겠습니다. 윈도우에 로그인하지 않았더라도 인터넷에는 연결되어 있어야 로그인 암호를 바꿀 수 있습니다.

- ■■ 윈도우 로그인 화면에서 암호를 입력했는데 틀렸다는 메시지가 표시되면 당황스럽죠. 이럴 때는 기존 암호를 확인하지 않고 새로 암호를 만들어서 사용할 수 있습니다. 오류 메시지에서 [확인]을 클릭해 로그인 첫 화면으로 돌아옵니다.
- ■■ 암호 입력 창 아래에 있는 [비밀번호 잊음]을 클릭합니다.

- ■■ 본인 확인을 위해 보안 코드를 확인해야 합니다. 메일 주소 중 아이디 부분을 입력한 다음 [코드 가져오기]를 클릭합니다.
- ■■ 지정한 메일 주소로 보안 코드를 보냅니다. 메일함에서 보안 코드를 확인한 다음 입력하고 [다음]을 클릭합니다.

■■ 보안 코드가 일치했다면 암호 재설정 화면으로 이동합니다. 새 암호를 입력하고 [다음]을 클릭합니다.

■■ 암호가 바뀌었군요. [로그인]을 클릭하면 처음의 윈도우 로그인 화면으로 이동합니다.

이제 새로 만든 암호를 사용해서 윈도우에 로그인할 수 있습니다.

✓
잠깐만요 **휴대폰에서 암호 변경하기**

휴대폰에서 'https://account.live.com/password/reset' 사이트에 접속한 다음 암호를 바꿀 수도 있습니다. 마이크로소프트 계정으로 사용하는 메일을 통해 본인 인증을 거친 다음 암호를 재설정합니다.

098 사용자 계정 추가하기

한 대의 컴퓨터를 여러 사람이 사용한다면 윈도우 11의 '사용자 계정 추가' 기능을 이용해서 각자 서로 다른 계정을 사용하는
것이 좋습니다. 사용자 계정을 추가하면 각 사용자 계정마다 서로 다른 윈도우를 사용하는 것처럼 독립적인 환경에서 사용
할 수 있습니다.

실습 계정 추가하기

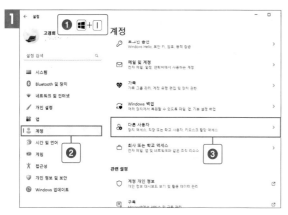

■■ ⊞+I를 눌러 설정 앱을 실행한 다음 [계정]–[기타 사용자]를 선택합니다.

■■■ 사용자를 추가하기 위해 [계정 추가]를 클릭합니다.

새로 추가할 사용자의 마이크로소프트 계정을 입력하고 [다음]을 클릭합니다. 계정 추가가 끝났다는 메시지
가 표시되면 [마침]을 클릭합니다.

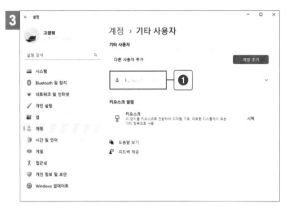
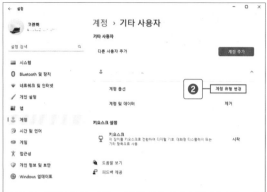

■■ 설정 창으로 돌아오면서 방금 추가한 마이크로소프트 계정이 화면에 보입니다. 추가한 계정을 클릭해 보세요.

■■ 새로 추가한 사용자 계정은 기본적으로 '표준 사용자'로 되어 있습니다. 표준 사용자 계정은 윈도우 11에 설치되어 있는 앱은 자유롭게 쓸 수 있지만, 시스템에 영향을 주는 새로운 앱을 추가하는 데는 제한을 받습니다. 추가한 계정을 '관리자'로 바꾸려면 계정 아래에 있는 [계정 유형 변경]을 클릭합니다.

'표준 사용자'라는 부분을 클릭한 다음 [관리자]를 선택하고 [확인]을 클릭합니다. 이제 사용자 계정 추가가 끝났습니다.

이론 사용자 계정 제거하기

설정 창의 [계정]−[기타 사용자]를 선택하면 현재 시스템에 등록된 사용자 계정이 나열됩니다. 그중 더 이상 사용하지 않는 계정이 있다면 삭제할 수 있습니다. 단, 사용자 계정을 삭제하면 계정뿐만 아니라 그 계정에 저장되어 있던 문서나 사진 등의 데이터도 함께 삭제되기 때문에 사용자 계정을 삭제하기 전에 중요한 자료가 있다면 꼭 백업을 먼저 해 두어야 합니다.

사용자 계정 목록에서 사용자 계정을 클릭하면 아래쪽에 [제거] 버튼이 표시됩니다. [제거] 버튼을 클릭하세요.

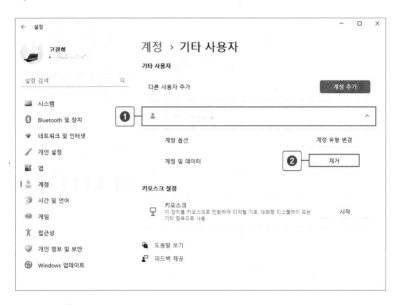

계정뿐만 아니라 관련된 데이터도 함께 삭제된다는 알림 창이 표시됩니다. [계정 및 데이터 삭제]를 클릭합니다.

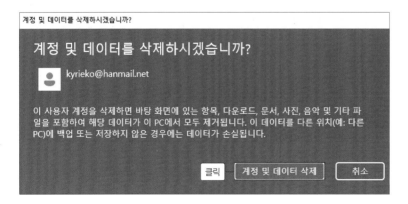

099 | 새 계정의 윈도우 환경 설정하기

사용자 계정을 추가했다면 그 사용자를 위한 윈도우 환경도 만들어야 합니다. 마치 새로운 윈도우 11을 설치한 것처럼 새로운 환경이 만들어지죠.

- ■■ ⊞를 눌러서 시작 메뉴가 실행되면 사용자 계정 아이콘을 클릭해 보세요. 조금 전에 추가한 사용자 계정이 보입니다. 추가한 사용자 계정을 클릭하세요.

- ■■ 윈도우 로그인 창이 표시되면서 새 계정이 보입니다. [로그인]을 클릭하여 마이크로소프트 계정으로 로그인합니다.

초기화 중인 윈도우 화면

초기화된 윈도우 화면

새로운 계정을 위해 윈도우 환경이 만들어지는 동안 잠시 기다리면 깨끗하게 초기화된 윈도우가 표시됩니다.

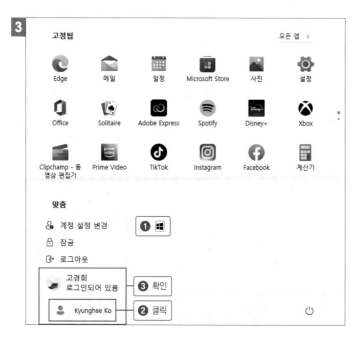

사용자 계정의 설정은 서로 다른 계정에 영향을 주지 않기 때문에 사용자 계정마다 자신이 원하는 형태로 바꿔서 사용할 수 있습니다. ⊞를 눌러 시작 화면을 열어 보면 새로운 계정으로 로그인되어 있는 것을 볼 수 있습니다.

100 | 사용자 계정 로그인 및 로그아웃

윈도우 11에 두 개 이상의 사용자 계정이 있다면 언제든지 원하는 계정으로 로그인할 수 있고, 더 이상 사용하지 않는 사용자는 로그아웃할 수 있습니다.

이론 **사용자 계정 로그아웃하기**

둘 이상의 사용자 계정이 등록된 상태에서 현재 계정이 아닌 다른 계정으로 로그인하려면 우선 현재 사용자 계정을 로그아웃하는 것이 좋습니다. 만일 기존에 로그인한 사용자 계정에서 어떤 작업을 진행 중이었는데 이러한 상황을 모르고 새로 로그인한 계정에서 실수로 컴퓨터를 끄는 것은 위험하기 때문입니다.

현재 사용 중인 사용자 계정을 로그아웃하려면 작업 표시줄에서 ▦를 클릭하거나 키보드에서 ⊞를 눌러 시작 화면을 엽니다. 그리고 시작 화면 맨 아랫부분에 있는 사용자 계정을 클릭한 다음 [로그아웃]을 선택합니다.

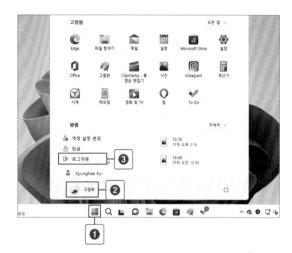

현재 사용자가 로그아웃되면 잠금 화면으로 넘어가면서 다른 사용자 계정을 선택해서 로그인할 수 있습니다.

이론 기존 사용자가 로그인된 상태에서 다른 계정으로 로그인하기

기존 사용자가 로그인되어 있는 상태에서 다른 사용자로 로그인할 수도 있습니다. 예를 들어, 부모님이 사용 중인 컴퓨터에 자녀가 잠시 자신의 계정으로 로그인한다면 굳이 부모님 계정을 로그아웃할 필요없이 그 상태에서 로그인할 수 있습니다.

시작 화면에 표시된 사용자 계정을 클릭하면 현재 컴퓨터에 추가되어 있는 사용자 계정 이름도 함께 표시됩니다. 새로 로그인할 사용자 계정을 클릭합 니다.

로그인하려고 하는 계정의 잠금 화면이 표시됩니다. 암호를 입력하면 또다른 계정으로 로그인할 수 있습니다.

시작 화면을 열어보면 현재 사용자 계정 외에도 이전의 계정이 아직 로그인되어 있는 것을 볼 수 있습니다.

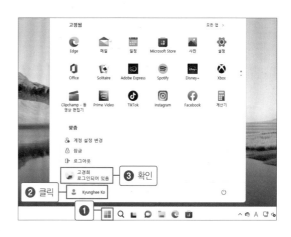

101 | 윈도우 11과 원드라이브

인터넷 전문가가 아니어도 '구글 드라이브'나 '아이클라우드'에 대해 들어보았을 것입니다. 이런 서비스를 '클라우드 서비스 (cloud service)'라고 하는데, 이 서비스를 이용하면 인터넷에 자료를 업로드해 놓고 언제, 어디서나 접속하여 자료를 확인할 수 있습니다. 윈도우 11의 경우 마이크로소프트 클라우드 서비스인 '원드라이브(OneDrive)'와 함께 사용하면 더욱 효율적입니다.

이론 원드라이브란

컴퓨터로 필요한 작업을 한 다음 대부분의 사용자는 그 결과물을 컴퓨터의 하드디스크 드라이브에 저장합니다. 사무실의 데스크톱 컴퓨터에서 작업하던 것을 집에 가져와서 계속 작업하려면 사무실 컴퓨터의 자료를 USB나 외장 하드디스크와 같은 보조 저장 장치에 복사한 다음 집에 있는 컴퓨터에 보조 저장 장치를 연결하고 그 안에 있는 파일을 꺼내어 작업해야 합니다. 이 경우 사무실 컴퓨터에서도 맨 마지막에 편집한 파일을 보조 저장 장치에 넣어두어야 하고, 집에 있는 컴퓨터에서도 맨 마지막에 편집한 파일을 다시 USB나 외장 하드디스크로 복사한 다음 회사에 있는 컴퓨터로 연결해 옮겨야 합니다. 이 방법은 장치와 장치 사이에서 파일을 옮기는 것이 번거로울 뿐만 아니라 모든 장치에 최신 파일을 저장하기 위해 사용자가 일일이 복사해서 넣어야 하기 때문에 많은 신경이 쓰입니다.

하지만 이제는 스마트폰으로 문서 파일을 살펴볼 수도 있고 태블릿 PC를 이용한 문서 편집도 가능해졌습니다. 사무실에서 끝내지 못한 작업을 지방 출장 가는 기차 안에서 태블릿을 이용해 계속 작업할 수도 있고, 지방의 거래 업체에 도착한 다음 그곳의 컴퓨터로 최종 결과물을 확인할 수도 있게 되었죠. 이런 환경에서 이전과 똑같은 방식으로 파일을 관리한다면 어떻게 될까요? USB를 들고 사무실 컴퓨터에서 태블릿으로, 다시 거래업체 컴퓨터로 옮겨 다니다 보면 사무실 컴퓨터에는 수정되지 않은 파일이 남게 되고 최악의 경우에는 최종 수정된 파일을 분실할 수도 있습니다.

이러한 이유 때문에 클라우드 서비스가 등장했습니다. 클라우드는 '구름(cloud)'이란 뜻으로, 특정한 장치에 구애받지 않도록 장치의 외부에 저장 공간을 두는 기능입니다. 사무실에서 작업한 다음 클라우드에 저장하고 태블릿에서 작업할 때는 클라우드에 있는 파일을 가져와서 작업하다가 최종 결과물을 다시 클라우드에 저장합니다. 클라우드에는 항상 최신 파일이 남아 있기 때문에 스마트폰으로 접속하든지, 지방이나 외국에 있는 컴퓨터에서 접속하든지 모두 똑같이 최신 파일을 다운로드해서 편집할 수도 있고 수정한 내용을 즉시 클라우드에 저장할 수도 있습니다.

마이크로소프트 계정을 만들면 계정마다 무료로 15GB의 원드라이브 저장 공간이 만들어집니다. 여기에 중요한 파일을 저장해 두면 실수로 삭제되는 것을 방지할 수도 있고, 여러 장치에서 접근해서 파일을 사용할 수도 있습니다.

이론 **원드라이브 확인하기**

윈도우 11에 마이크로소프트 계정으로 로그인하면 윈도우 11 파일 탐색기에 자동으로 'OneDrive - Personal' 폴더가 만들어집니다. 온라인에 있는 원드라이브 저장 공간을 윈도우 11에서 쉽게 접근할 수 있도록 한 것이죠. 원드라이브 폴더에는 기본적으로 '문서' 폴더와 '사진' 폴더가 만들어져 있습니다.

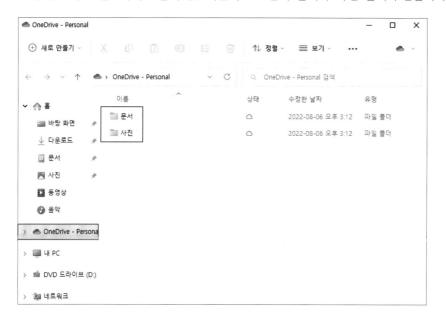

원드라이브를 사용하면 윈도우 11의 작업 표시줄에  아이콘이 표시됩니다. 이 아이콘을 통해 원드라이브의 상태를 확인할 수 있습니다. 그리고 아이콘을 클릭하면 탐색기에서 폴더를 열거나 웹 브라우저에서 원드라이브에 손쉽게 접근할 수 있습니다.

✓
잠깐만요 웹브라우저에서 직접 원드라이브에 접속하기

웹 브라우저에서 직접 원드라이브 사이트에 접속하려면 https://onedrive.live.com에 접속한 다음 마이크로소프트 계정으로 로그인합니다.

102 | 원드라이브 활용하기

윈도우 11에서 OneDrive 폴더에 새로운 폴더를 만들거나 파일을 저장하면 동시에 온라인상의 원드라이브로 전송됩니다. 이것을 '동기화'라고 합니다. 또한, 온라인 원드라이브에 있는 파일이 수정될 경우 자동으로 내 컴퓨터의 OneDrive 폴더에 수정된 파일이 다운로드됩니다.

실습 | 사용자 컴퓨터와 원드라이브 동기화 시키기

여기에서는 컴퓨터에서 원드라이브에 파일을 저장한 다음 온라인상의 원드라이브에 어떻게 반영되는지 확인해 보겠습니다.

온라인 원드라이브 사이트

우선 웹 브라우저에 온라인 원드라이브 사이트를 열어 놓으세요. '문서' 폴더와 '사진' 폴더만 들어있습니다.

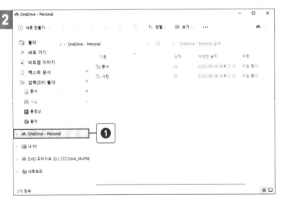
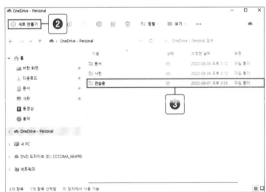

윈도우 탐색기에서 'OneDrive-Personal' 폴더를 선택한 다음 [새로 만들기]-[폴더]를 선택합니다. '연습용'이라는 폴더를 만들어 보겠습니다.

TIP 원드라이브에 따로 폴더를 만들지 않고 파일을 옮겨도 되지만, 자료는 되도록 폴더로 구별해 놓는 것이 관리하기 편리합니다.

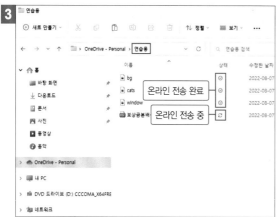
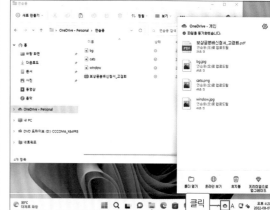

■■ 여러분의 시스템에 저장된 파일 중 원드라이브에 저장해 두고 싶은 파일을 선택하여 복사한 다음 원드라이브에 붙여 넣습니다. 여기에서는 앞에서 만든 '연습용' 폴더에 붙여 넣겠습니다.

'연습용 폴더'에 파일을 옮기자마자 이 파일들은 온라인으로 전송됩니다. OneDrive-Personal 폴더에 있는 파일 목록에는 '상태'라는 열이 있는데, 여기에 표시된 아이콘을 보면 현재 파일의 상태를 알 수 있습니다. 는 온라인으로 전송이 끝났다는 뜻이고, 는 현재 전송 중이라는 뜻입니다.

■■ 원드라이브와 동기화 중일 때는 작업 표시줄에 있던 아이콘이 으로 바뀌어 표시됩니다. 동기화가 끝나면 다시 로 바뀌죠. 작업 표시줄의 을 클릭하면 동기화 상황을 확인할 수 있습니다.

정말 온라인 원드라이브 사이트로 동기화되었을까요? 웹 브라우저에서 온라인 원드라이브 사이트를 확인해 보겠습니다. F5 를 누르면 현재 사이트를 다시 불러옵니다. 앞에서 만들었던 '연습용' 폴더가 올라와 있습니다. 그리고 '연습용' 폴더를 클릭하면 방금 옮겨 놓은 파일들이 온라인에도 안전하게 올라와 있는 것을 확인할 수 있습니다.

윈도우 탐색기에 있는 OneDrive-Personal 폴더는 마치 사용자 컴퓨터에 있는 것처럼 보이지만 실제로는 온라인에 있는 파일을 가져와서 보여주는 것입니다. 그래서 OneDrive-Personal 폴더에서 파일을 삭제하면, 그 파일은 윈도우의 휴지통이 아니라 원드라이브 휴지통에 들어갑니다.

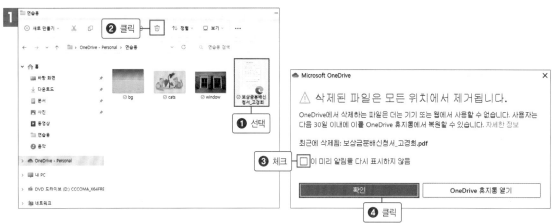

■■ OneDrive-Personal 폴더에서 아무 파일이나 삭제해 보세요

■■ 원드라이브 휴지통에서 복원할 수 있다는 알림 창이 표시됩니다. '이 미리 알림을 다시 표시하지 않음'에 체크해 놓고 [확인]을 누르면 OneDrive-Personal 폴더에서 파일을 삭제할 때마다 더 이상 알림 창이 표시되지 않습니다.

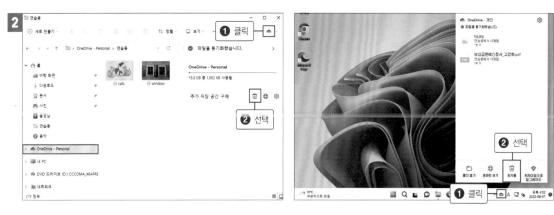

■■ 혹시라도 삭제했던 파일을 되돌려야 한다면 원드라이브 휴지통을 확인해야겠죠? 원드라이브 휴지통을 여는 방법은 여러 가지입니다.

우선 탐색기에 OneDrive-Personal 폴더가 열려 있을 경우, 탐색기 오른쪽 위에 ☁ 아이콘이 표시됩니다. 이 아이콘을 클릭한 다음 🗑 을 선택합니다.

■■ 또는 작업 표시줄에 있는 ☁ 을 클릭한 다음 🗑 휴지통 을 선택해도 됩니다.

어떤 방법을 선택하든 원드라이브 휴지통이 웹 브라우저에 표시됩니다. 나열된 파일 중에서 복원할 파일을 선택하고 목록 위에 있는 [↺ 복원]를 클릭하면 선택한 파일을 복원할 수 있습니다.

이론 **동기화 일시 중지하기**

OneDrive-Personal 폴더에 파일을 가져다 놓으면 자동으로 동기화가 시작됩니다. 이런 점이 편리하기도 하지만, 필요할 때만 동기화 시켜야 할 때가 있습니다. 이럴 경우에는 동기화를 일시 중지시킬 수 있습니다.

작업 표시줄에서 원드라이브 아이콘(☁)을 클릭합니다. '도움말&설정' 아이콘(⚙)을 클릭하고 [동기화 일시 중지]를 선택합니다. 2시간, 8시간, 24시간 등 중지 시간을 선택할 수 있습니다. 또는 아예 원드라이브를 종료했다가 필요할 때 다시 시작해서 동기화할 수도 있습니다.

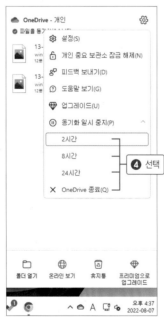

원드라이브를 더 이상 사용하고 싶지 않거나, 오랫동안 동기화를 멈추고 싶다면 원드라이브를 종료할 수 있습니다. 원드라이브를 종료해도 온라인에 있는 파일이 없어지지는 않습니다.

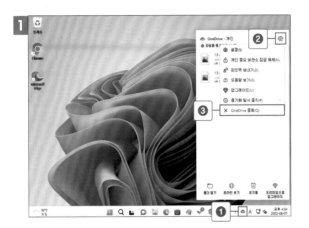

작업 표시줄에서 원드라이브 아이콘(☁)을 클릭합니다. '도움말&설정' 아이콘(⚙)을 클릭한 다음 [OneDrive 종료]를 선택합니다.

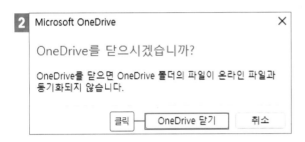

원드라이브를 종료하면 더 이상 동기화되지 않는다는 알림 창이 표시됩니다. [OneDrive 닫기]를 클릭합니다. 원드라이브가 종료되면 작업 표시줄에 있던 원드라이브 아이콘(☁)도 사라집니다.

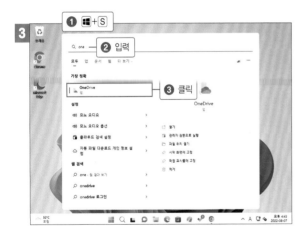

종료했던 원드라이브를 다시 시작하려면 ⊞+S를 누른 다음 'one'이나 'onedrive'를 검색해서 OneDrive 앱을 실행합니다.

14장

윈도우 안전하게 사용하기

윈도우에서의 업데이트는 기능을 추가하거나 발견된 문제점을 해결하기 위한 것입니다. 윈도우 11은 일 년에 한두 번에 걸쳐 중요한 기능을 추가하는 대규모 업데이트가 있고, 그 외에 보안 문제가 발생하거나 작은 문제점들을 해결하기 위한 소규모의 업데이트들이 있습니다. 이런 업데이트는 모두 자동으로 이루어지기 때문에 윈도우 업데이트 기능을 켜 놓고 윈도우를 항상 최신으로 유지하는 것이 좋습니다. 윈도우를 안전하게 사용하기 위해 업데이트를 설정하는 방법과 윈도우 디펜더를 통해 윈도우에 악의적인 접근을 차단하는 방법에 대해 알아보겠습니다.

103 | 윈도우 업데이트에 대해 알아보기

윈도우 11은 자동으로 윈도우 업데이트를 하기 때문에 사용자가 따로 설정해야 할 것은 없습니다. 여기에서는 윈도우 업데이트가 왜 자주 일어나고, 어떤 것들이 바뀌는 것인지 알아보겠습니다. 또 현재 작업 중일 경우에 윈도우 업데이트 파일을 다운로드하기만 하고 설치를 잠시 미루는 방법도 알아보겠습니다.

이론 윈도우 업그레이드 vs 윈도우 업데이트

'업그레이드'와 '업데이트'는 자주 듣는 용어입니다. 두 가지 기능의 차이는 무엇일까요? '업그레이드'는 새로운 기능을 추가하거나 외형이 바뀌는 형태의 설치를 말합니다. 윈도우 10에서 윈도우 11로 바뀌는 것을 '윈도우 업그레이드'라고 할 수 있습니다.

이에 비해 '업데이트'는 사용하면서 생기는 자잘한 오류를 수정하거나 보안상의 문제를 해결하기 위한 설치를 말합니다. 윈도우 업데이트는 비정기적이고, 중요한 보안 문제가 있을 경우 급하게 설치되기도 하죠.

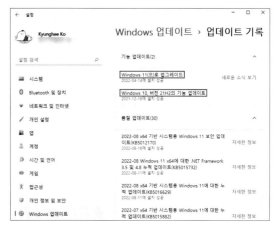

윈도우 업그레이드와 업데이트

윈도우 11은 처음 출시될 때 1년에 2회, 봄과 가을에 정기적인 '업데이트'를 실행한다고 발표했습니다. 정기 업데이트 때 새로운 기능이 추가되거나 '시작' 메뉴의 모습이 바뀌기도 합니다. 하지만 2022년 이후에는 윈도우 11이 1년에 한 번, 가을에만 정기 업데이트를 하는 것으로 바뀌었습니다.

TIP 현재 이 책은 2022년 가을에 업그레이드된 윈도우 11(22H2) 버전을 기준으로 하고 있습니다. 22H2는 2022년 하반기에 발표된 업그레이드 버전이라는 뜻입니다.

이렇게 '업그레이드'와 '업데이트'는 서로 다른 의미를 가지고 있지만 흔히 한꺼번에 '업데이트'로 부르고 있습니다.

품질 업데이트(30)	∧
2022-08 x64 기반 시스템용 Windows 11 보안 업데이트(KB5012170) 2022-08-16에 설치 성공	자세한 정보
2022-08 Windows 11 x64에 대한 .NET Framework 3.5 및 4.8 누적 업데이트(KB5015732) □□□□ □□ □□에 설치 성공	자세한 정보
2022-08 x64 기반 시스템용 Windows 11에 대한 누적 업데이트(KB5016629) 2022-08-11에 설치 성공	자세한 정보
2022-07 x64 기반 시스템용 Windows 11에 대한 누적 업데이트(KB5015882) 2022-07-22에 설치 성공	자세한 정보
2022-07 x64 기반 시스템용 Windows 11에 대한 누적 업데이트(KB5015814) 2022-07-16에 설치 성공	자세한 정보
2022-06 Windows 11 x64에 대한 .NET Framework 3.5 및 4.8 누적 업데이트(KB5013889) 2022-06-27에 설치 성공	자세한 정보

품질과 보안을 위한 업데이트

윈도우 업데이트는 윈도우 시스템에서 정기적으로
확인하고, 필요한 업데이트가 있을 경우 자동으로
다운로드해서 설치합니다. ⊞+Ⅰ를 눌러 '설정'
창을 연 다음 [Windows 업데이트]를 선택합니다.
자동으로 최신 업데이트까지 설치했다면 현재 최
신 상태라고 표시되죠.

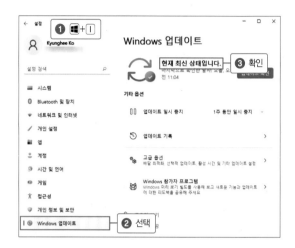

하지만 최신 업데이트가 아직 설치되지 않은 상태
라면 [Windows 업데이트] 항목을 선택하는 순간
가장 최근의 업데이트 항목들이 표시되고 자동으
로 다운로드를 시작합니다. 다운로드가 완료된 항
목의 '설치'를 눌러 설치해도 되고, '이런 업데이트
항목들이 있구나' 확인하고 닫아도 사용자가 시스
템을 사용하지 않는 동안 자동으로 설치합니다.

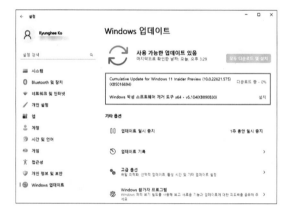

104 │ 업데이트 기록 확인하기

윈도우 11의 업데이트가 있을 경우 자동으로 업데이트 파일이 다운로드되고 사용자가 알지 못하는 사이에 업데이트 파일을 설치합니다. 그래서 어떤 업데이트가 되었는지 알지 못하죠. 하지만 내 컴퓨터에 어떤 업데이트가 설치되어 있는지 확인할 수 있습니다.

실습 기록 보기

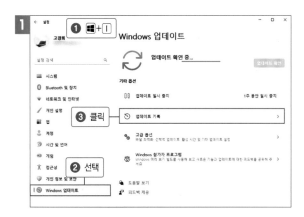

⊞+Ⅰ를 눌러 '설정' 창을 연 다음 [Windows 업데이트]-[업데이트 기록]을 클릭합니다.

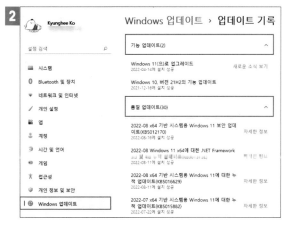
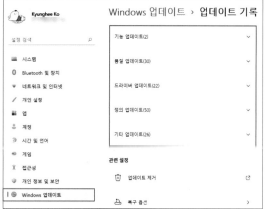

지금까지 설치된 업데이트들이 표시됩니다. 업데이트 항목들은 여러 주제로 분류되어 있는데, 나열된 항목 위에 있는 주제를 클릭하면 항목을 닫을 수도 있고 펼칠 수도 있습니다.

TIP 업데이트 항목들의 주제는 시스템마다 조금씩 다르게 표시될 수 있습니다.

- **기능 업데이트**: 기능이 추가되거나 변경된 업데이트입니다. 윈도우 10에서 윈도우 11로 업그레이드하거나 매년 정기적으로 발표하는 기능 업데이트가 여기에 해당합니다.

- **품질 업데이트**: 윈도우나 앱들의 실행 오류나 충돌 등의 품질을 개선하기 위한 업데이트입니다.

- **정의 업데이트**: 윈도우 백신 프로그램인 윈도우 디펜더용 업데이트에 새로 등장하는 악성 소프트웨어 정보들을 추가하기 위한 업데이트입니다.

• **기타 업데이트**: 위의 범주에 포함되지 않는 기타 업데이트입니다.

실습 **업데이트 제거하기**

윈도우 업데이트는 사용자가 제어할 수 없지만 설치된 업데이트 때문에 시스템에 오류가 생기거나 앱에서 충돌이 발생할 경우, 일부 업데이트를 제거할 수 있습니다. 하지만 직접 업데이트를 제거하는 것은 위험하기 때문에, 윈도우 업데이트로 인해 시스템에 문제가 생겼다면 277쪽의 '윈도우 복원'을 이용하여 복구하는 것을 권합니다.

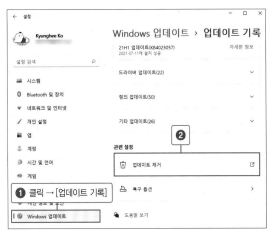
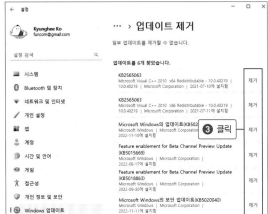

■■ [Windows 업데이트]–[업데이트 기록]을 선택한 다음 [업데이트 제거]를 클릭합니다.

■■ 모든 업데이트를 제거할 수 있는 것은 아니기 때문에 제거 가능한 업데이트만 화면에 표시됩니다. 항목의 오른쪽에 있는 [제거] 버튼을 클릭하면 해당 항목을 제거할 수 있습니다.

105 | 업데이트 일시 중지하기 및 설치 예약하기

윈도우 업데이트는 사용자가 임의로 꺼버릴 수는 없지만 필요한 기간만큼 업데이트를 미룰 수는 있습니다. 컴퓨터를 사용하는 도중 업데이트로 인해 시스템이 재시작되거나 오류가 발생하면 안 되는 중요한 경우에는 윈도우 업데이트를 일시적으로 멈추거나, 업데이트 설치를 미룰 수 있습니다.

실습 윈도우 업데이트 일시 중지하기

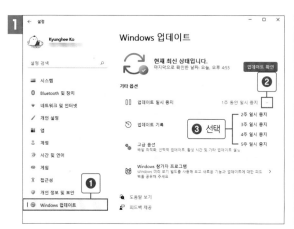 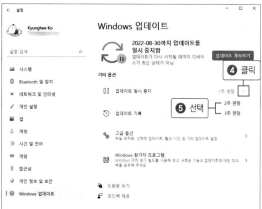

■■ 설정 창에서 [Windows 업데이트]를 선택하면 오른쪽에 '업데이트 일시 중지' 항목이 있습니다. 기본적으로 1주일간 업데이트를 중지시킬 수 있습니다. 1주일간 중지시키려면 '1주 동안 일시 중지' 부분을 클릭하고, 기간을 조절하고 싶다면 '1주 동안 일시 중지' 항목 오른쪽의 ☑를 클릭한 다음 원하는 기간을 선택합니다.

■■ 언제까지 업데이트가 중지되는지 표시되므로 쉽게 확인할 수 있죠? 만일 처음에 설정한 기간보다 더 연장하고 싶다면 '1주 연장' 오른쪽의 ☑를 클릭하고 연장 기간을 선택합니다.

TIP 업데이트 중지는 연장 기간까지 포함해서 최대 5주까지 정지할 수 있습니다.

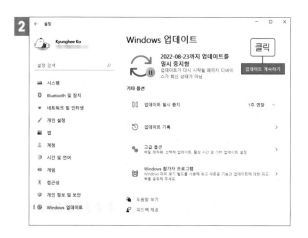

지정한 기간이 지나면 다시 자동으로 업데이트할 수 있습니다. 만일, 지정 기간 이전에 업데이트 기능을 다시 시작하려면 [업데이트 계속하기]를 클릭합니다.

윈도우 업데이트 파일은 컴퓨터를 사용하는 동안 백그라운드에서 다운로드됩니다. 그래서 업데이트 파일이 다운로드되고 있는 것을 모르는 상태에서, 갑자기 윈도우 업데이트가 설치되고 컴퓨터가 재시작되기도 하죠. 이런 점이 불편하다면 컴퓨터 사용 시간을 피해 업데이트 파일이 설치되도록 바꿀 수 있습니다.

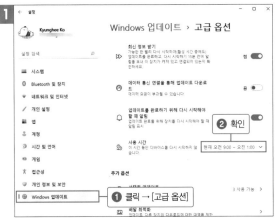
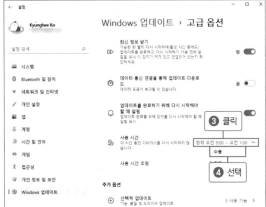

■■ 설정 창에서 [Windows 업데이트]-[고급 옵션]을 선택합니다. '사용 시간' 항목에는 사용자의 컴퓨터 사용 습관을 파악해서 자동으로 사용 시간이 지정되어 있습니다.

■■ 사용 시간을 수정하려면 시간이 표시된 부분을 클릭한 다음 [수동]을 선택합니다.

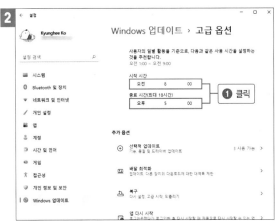
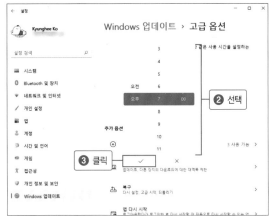

■■ '시작 시간'이나 '종료 시간'을 수정하려면 시간 부분을 클릭합니다.

■■ 시간을 선택했다면 ∨ 를 클릭해야 시간이 설정됩니다. 이렇게 사용 시간을 지정하면 지정한 사용 시간 외의 다른 시간에 윈도우 업데이트 파일이 설치되고 시스템이 재시작됩니다.

Windows 참가자 프로그램

마이크로소프트에서 운영하는 'Windows 참가자 프로그램'에 가입하면 윈도우 업데이트와 관련된 '인사이더 프리뷰(insider preview)' 버전을 사용해 볼 수 있습니다. '인사이더 프리뷰' 버전이란 아직 완성되지 않은 업데이트 버전입니다. 그래서 자잘한 오류에서부터 간혹 시스템에 심각한 손상을 끼칠 수도 있기 때문에 주 작업 컴퓨터가 아닌 컴퓨터에서 사용하는 것을 권장합니다.

윈도우 업데이트를 일반 사용자보다 빠르게 받아서 사용해 보고 싶다면 '설정' 창의 [Windows 업데이트]-['Windows 참가자 프로그램]을 선택한 다음 [시작하기]를 클릭합니다.

사용할 마이크로소프트 계정을 연결하고, 몇 가지 계약에 동의하면 모든 과정이 끝납니다. 단, Windows 참가자 프로그램을 시작한 다음 시스템을 재시작해야 참가자 프로그램이 반영됩니다.

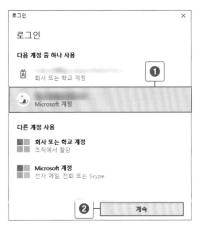 

이제부터 인사이더 프리뷰에 새로운 업데이트 파일이 올라오면 'Windows 업데이트'에 표시되고, 다른 사용자보다 일찍 여러분의 시스템에 업데이트를 설치해볼 수 있습니다.

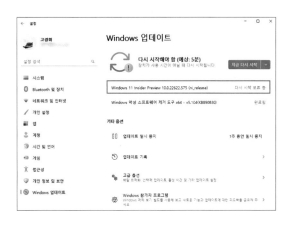

106 | Windows 보안 앱 살펴보기

윈도우 11에는 바이러스 백신 프로그램이 포함된 Windows 보안 앱이 있어 컴퓨터를 항상 안전하게 보호할 수 있습니다. Windows 보안 앱의 바이러스 백신은 항상 최신으로 유지되기 때문에 새로운 바이러스에 빠르게 대응합니다.

이론 **Windows 보안의 특징**

Windows 보안은 컴퓨터 바이러스뿐만 아니라 악성 소프트웨어(maleware,맬웨어)에도 대응하는 앱입니다. 그래서 항상 최신의 바이러스 정보를 업데이트하고 즉시 대응할 수 있다는 장점이 있죠.

⊞+I를 눌러 설정 앱을 연 다음 [Windows 업데이트]–[업데이트 기록]을 차례로 선택합니다. 업데이트 범주 중 '정의 업데이트' 부분이 Windows 보안 앱을 위한 바이러스 정보들이 업데이트된 기록입니다. 새로운 바이러스가 나타날 때마다 그에 대응하기 위해 Windows 보안도 업데이트됩니다.

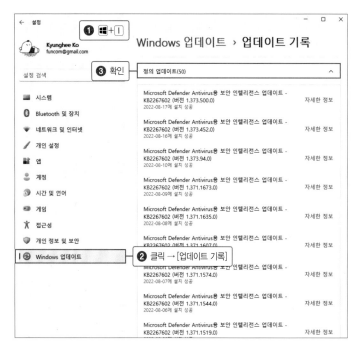

또한 실시간 보호 기능이 있어서 인터넷에서 파일을 다운로드하거나 컴퓨터에서 새로운 앱을 실행했을 때 위험한 요소가 없는지 확인합니다.

시스템 보안에 신경 쓰지 않으면서도 시스템을 항상 안전한 상태로 유지하고 싶다면 Windows 보안에 맡겨 두면 됩니다. 단, Windows 보안을 최신 상태로 사용하려면 윈도우 업데이트 기능을 항상 켜 놓아야 합니다.

TIP 다른 바이러스 백신 프로그램이 설치되어 있다면 Windows Defender 보안 센터는 자동으로 꺼집니다.

Windows 보안 앱은 사용자가 따로 실행하지 않아도 윈도우 시작과 동시에 실행됩니다. Windows 보안이 어떻게 구성됐는지 궁금하다면 작업 표시줄의 알림 영역에 있는 Window 보안 아이콘 를 클릭합니다.

Windows 보안이 열리면 각 범주별로 아이콘 형태로 표시되는데, 아이콘에 초록색 체크 표시(✓)가 되어 있으면 충분히 보호되고 있고 더 이상 추가 작업이 필요 없다는 의미입니다.

만일 Windows 보안에 추가 작업이 필요한 범주가 있다면 작업 표시줄의 아이콘도 ⚠으로 표시되고, Windows 보안 화면에 있는 아이콘에도 빨간색 체크 표시(✗)가 되어 있습니다.

이럴 경우 빨간색 체크 표시된 항목을 클릭하면 무엇이 문제이고, 어떻게 조치해야 하는지 알려줍니다. 각 항목마다 '켜기'를 클릭해야 할 때도 있고 '해제'를 클릭해야 할 때도 있습니다.

Windows 보안이 디바이스를 변경할 수 있다는 알림 창이 표시되면 [예]를 클릭합니다.

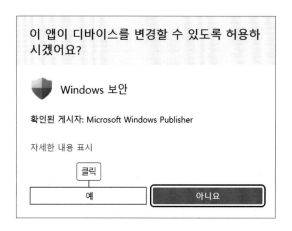

Windows 보안의 '실시간 보호' 기능은 항상 켜져 있기 때문에 컴퓨터를 늘 안전하게 사용할 수 있습니다. 하지만 일부 프로그램은 설치할 때 Windows 보안의 실시간 보호 기능과 충돌할 때가 있습니다. 설치할 프로그램이 안전하다고 판단될 경우에는 잠시 실시간 보호 기능을 끄고 설치할 수 있습니다.

Windows 보안 화면에서 [바이러스 및 위협 방지]를 클릭하고, '바이러스 및 위협 방지 설정' 항목에 있는 [설정 관리]를 클릭합니다.

'실시간 보호' 항목이 기본적으로 '켬'(⬤◯) 상태입니다. '켬'의 파란색 부분을 클릭합니다.

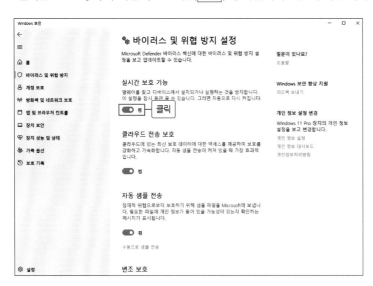

Windows 보안에서 시스템 설정을 변경을 바꾸는 것이기 때문에 사용자 계정 컨트롤이 필요합니다. [예]를 클릭하세요.

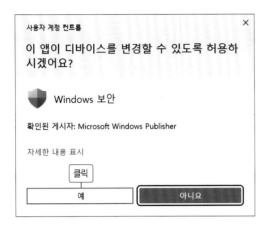

'실시간 보호' 항목이 '끔'( )으로 변경되면서 실시간 보호가 꺼져 위험하다는 메시지가 표시됩니다. 실시간 보호 기능은 꺼 놓더라도 나중에 자동으로 다시 켜지지만, 필요한 작업을 다 마쳤다면 '끔'을 클릭해서 다시 '켬'으로 바꾸는 것이 좋습니다.

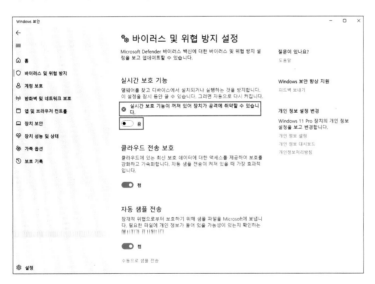

15장

하드 디스크 관리하기

하드 디스크에는 윈도우 사용을 위해 필요한 앱뿐만 아니라 사용자가 설치한 앱들과 작업 내용이 저장되어 있습니다. 컴퓨터를 오래 사용할수록 하드 디스크에는 많은 정보가 쌓이기 때문에 사용할 수 있는 공간이 부족해지죠. 그래서 간혹 시스템이 느려지기도 하는데요, 이 장에서는 하드 디스크를 똑똑하게 관리하면서 사용하는 방법을 알아봅니다.

107 | 저장 공간 관리하기

윈도우 11의 '설정'에는 저장 공간을 관리할 수 있는 유용한 기능이 포함되어 있습니다. 설정에서는 하드 디스크를 '저장소'
라고 부르는데, 저장소가 어떻게 구성되었는지 살펴보고 공간을 관리하는 방법을 알아보겠습니다.

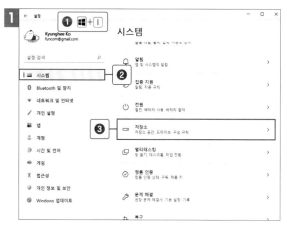
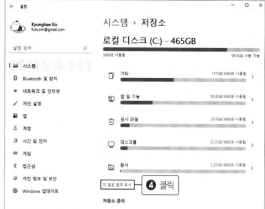

- ■■ ⊞+Ⅰ를 눌러서 설정 창을 열고 [시스템]-[저장소]를 선택합니다.

- ■■ 맨 위쪽에서는 하드디스크의 전체 용량 중 얼마만큼의 용량을 사용하고 있는지를 막대 그래프로 보여줍
  니다. 그리고 아래쪽에는 용량을 많이 차지하는 항목순으로 나열되어 있습니다. 따라서 책에서 보는 화
  면과 여러분이 보는 화면은 다르겠죠? 목록 아래에 있는 [더 많은 범주 표시]를 클릭해 보세요.

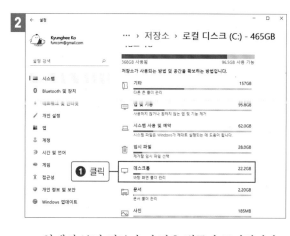
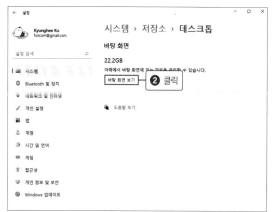

- ■■ 앞에서 보던 것보다 더 많은 범주가 표시됩니다. 여기에서는 앱별 차지하는 용량도 볼 수 있습니다. 만일
  '문서'에서 차지하는 용량이 너무 크다면 '문서' 항목을 클릭해서 문서를 정리하고, '메일' 앱에서 차지하
  는 용량이 너무 크다면 '메일'을 클릭해서 메일을 정리할 수 있습니다. 여기에서는 간단한 사용법을 보기
  위해 '데스크톱'을 클릭해 보겠습니다.

- ■■ '데스크톱' 항목을 클릭하면 바탕화면에 있는 파일들이 얼마나 공간을 차지하는지 볼 수 있습니다. 이를
  정리해서 여유 공간을 만들고 싶다면 [바탕 화면 보기]를 클릭합니다.

15
하드 디스크 관리하기

255

즉시 탐색기가 실행되면서 바탕 화면의 내용이 표시됩니다. 여기에서 불필요한 파일들을 삭제하여 공간을 확보할 수 있습니다.

실습 임시 파일 정리하기

앱을 실행하다 보면 일시적으로 사용하는 파일이 생기곤 합니다. 자동으로 삭제될 수도 있지만 계속 남아있기도 하는데, 임시 파일은 생각보다 많은 용량을 차지합니다. 임시 파일을 정리해서 하드 디스크 용량을 늘릴 수 있습니다.

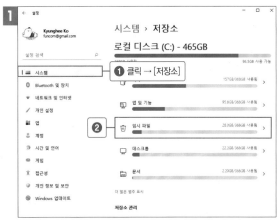

■■ 설정에서 [시스템]-[저장소]를 선택한 다음 '임시 파일'을 클릭합니다.

■■ 시스템에 저장되어 있는 임시 파일들이 나열되는데 삭제해도 될 만한 임시 파일에는 미리 체크 표시가 되어 있습니다. 각 파일마다 자세한 설명이 되어 있어서 삭제할지 여부를 직접 선택할 수 있습니다. 설명을 보고 삭제하겠다면 체크 표시 그대로 두고, 삭제하지 않겠다면 체크 표시를 한 번 더 클릭해서 체크를 해제하면 됩니다.

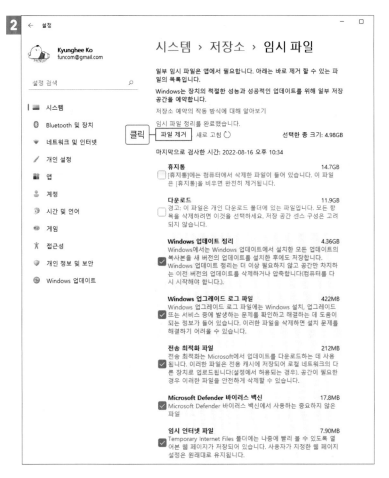

삭제할 파일을 선택했다면 목록 맨 위에 있는 [파일 제거]를 클릭합니다.

파일이 삭제된다는 알림 창이 표시되면 [계속]을 클릭합니다. 선택했던 파일들이 삭제되면 그만큼 하드 디스크 용량이 늘어납니다.

108 | 파일 탐색기에서 하드 디스크 상태 확인하기

설정 창을 열지 않고, 윈도우 탐색기에서 직접 하드 디스크 상태를 확인하고 불필요한 파일을 정리할 수도 있습니다.

이론 **하드 디스크 상태 확인하기**

파일 탐색기에서 하드 디스크를 마우스 오른쪽 버튼으로 클릭한 다음 [속성]을 선택합니다.

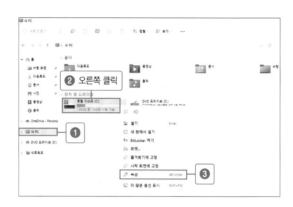

하드 디스크의 상태를 보기 좋게 정리한 '속성' 대화상자가 표시됩니다.

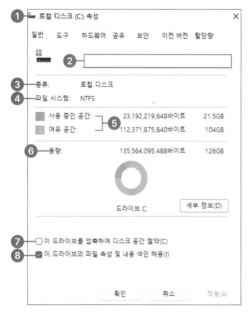

① **하드 디스크 이름(드라이브 문자)**: '속성' 대화상자의 제목 표시줄에 현재의 하드 디스크 이름과 드라이브 문자가 표시됩니다.

② 하드 디스크에는 기본적으로 '로컬 디스크'라는 이름이 붙지만, 여기에 하드 디스크 이름(볼륨 이름)을 지정하면 하드 디스크에 새로운 이름이 적용됩니다.

③ **종류**: 하드 디스크는 로컬 디스크로 표시됩니다. 이 외에 USB 드라이브 같은 이동식 디스크도 있습니다.

④ **파일 시스템**: 윈도우 파일 시스템은 크게 NTFS와 FAT32로 나뉘어지는데, 윈도우 XP 때는 하드 디스크에서 FAT32라는 파일 시스템을 사용했고, 그 후로는 대부분 NTFS 형식을 사용하고 있습니다. NTFS가 FAT32보다 파일이나 폴더의 권한 그리고 파일 압축, 암호화 등에서 뛰어납니다.

⑤ **사용 중인 공간, 여유 공간**: 현재 하드 디스크에서 사용 중인 공간의 크기와 남은 공간의 크기를 표시합니다.

⑥ **용량**: 하드 디스크의 전체 용량과 사용 중인 용량을 그래프로 보여줍니다.

⑦ **이 드라이브를 압축하여 디스크 공간 절약**: 하드 디스크를 압축하여 좀 더 많은 디스크 공간을 사용할 수 있습니다. 하지만 부팅 파일이 있는 C 드라이브는 압축해서는 안 됩니다.

⑧ 이 드라이브의 파일 속성 및 내용 색인 허용: 디스크의 파일을 검색할 수 있도록 파일의 속성과 내용을 색인으로 만듭니다.

실습 디스크 정리하기

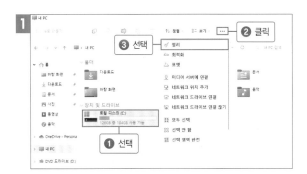

탐색기에서 정리할 하드 디스크를 선택한 다음, 도구 막대에서 [자세히 보기(⋯)]-[정리]를 선택합니다.

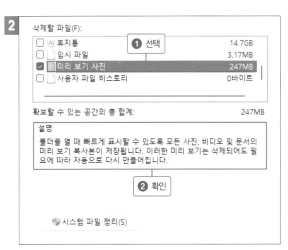

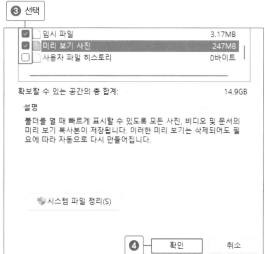

■■■ '삭제할 파일' 항목에 삭제해도 될 만한 파일이 나열됩니다. 각 파일을 선택하면 바로 아래에 간단한 설명이 표시되므로 내용을 살펴보고 삭제할지 말지 결정할 수 있습니다.

■■ 삭제할 파일은 파일 이름 왼쪽에 있는 체크 상자를 클릭해서 체크 표시하고, 필요한 파일을 모두 체크했다면 [확인]을 클릭합니다.

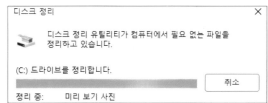

확인 메시지 창이 표시되면 [파일 삭제]를 클릭합니다. 디스크 정리 창이 표시됐다가 사라지면 정리가 모두 끝난 것입니다.

109 하드 디스크 분할하기

하나의 하드 디스크 용량이 아주 클 경우 필요한 만큼씩 나눠서 사용할 수 있습니다. 이것을 하드 디스크 분할, 또는 파티셔닝(partioning)이라고 합니다. C:라는 하드 디스크 드라이브를 분할해서 D:나 E: 같은 새로운 하드 디스크 드라이브를 만드는 방법을 알아보겠습니다. 단 하드 디스크 분할은 관리자로 로그인했을 경우에만 가능합니다.

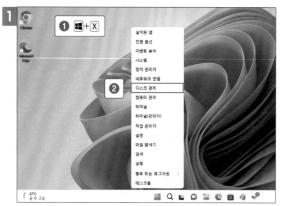 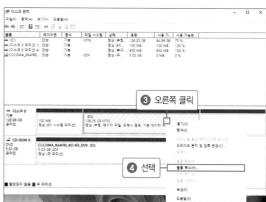

■■ ⊞+X를 누른 다음 [디스크 관리]를 선택합니다.

TIP ⊞+S를 누른 다음 '디스크 관리'를 검색해서 실행해도 됩니다.

■■ '디스크 관리' 창이 표시되면 하드 디스크의 남은 용량을 확인하고 어떤 하드 디스크를 분할할 것인지 결정합니다. 분할할 하드 디스크 영역에서 마우스 오른쪽 버튼을 클릭하고 [볼륨 축소]를 선택합니다.

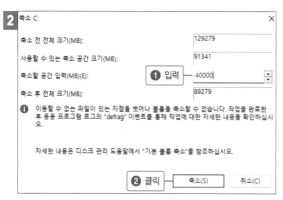 

■■ 하드 디스크의 크기를 계산하는 데 약간의 시간이 필요합니다. '축소' 대화상자가 열리면 전체 크기와 사용할 수 있는 축소 공간 크기가 표시됩니다. 여유 공간을 모두 축소하거나 원하는 크기를 지정할 수도 있습니다. 크기는 MB 단위로 지정합니다. 축소할 공간을 입력했으면 [축소]를 클릭합니다.

TIP 1GB는 1024MB지만, 1GB를 대략 1000MB 정도로 생각하고 입력하면 됩니다.

■■ 잠시 기다리면 선택했던 하드 디스크의 영역이 '정상'과 '할당되지 않음'의 두 개 영역으로 분할되어 표시됩니다. '할당되지 않음' 영역에서 마우스 오른쪽 버튼을 클릭하고 [새 단순 볼륨]을 선택합니다.

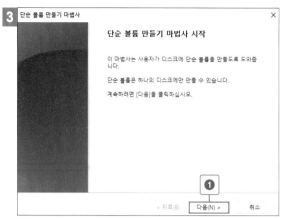 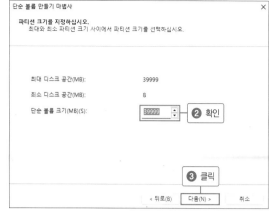

■■ '단순 볼륨 만들기 마법사'가 실행되면 [다음]을 클릭합니다.

■■ 시스템에서 사용할 공간을 감안해서 '단순 볼륨 크기'에는 원래 지정한 크기보다 약간 줄어든 크기가 입력되어 있습니다. [다음]을 클릭합니다.

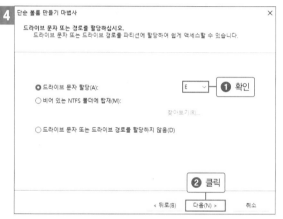 

■■ 드라이브 문자를 할당하는 대화상자가 표시됩니다. 드라이브 문자(예, E:)는 현재 시스템에 있는 드라이브 문자에 이어서 자동으로 할당됩니다. 예를 들어, C: 드라이브와 D: 드라이브가 이미 있다면 E:로 할당합니다. 원하면 드라이브 문자를 수정할 수 있습니다. [다음]을 클릭합니다.

■■ 파티션 포맷을 지정하는 대화상자가 표시되면 파일 시스템과 할당 단위 크기가 자동으로 지정되는 [이 볼륨을 다음 설정으로 포맷]을 선택하고 '파일 시스템'에서 [NTFS]를 선택합니다. '볼륨 레이블'에 원하는 이름을 입력하고 [다음]을 클릭합니다.

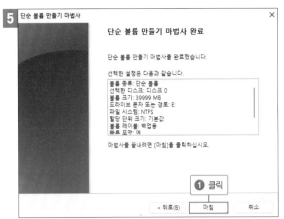
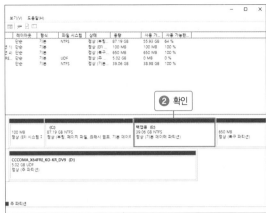

■■ 단순 볼륨 만들기 마법사가 완료되었으면 [마침]을 클릭합니다.

■■ '할당되지 않음'이라고 표시됐던 영역이 포맷 과정을 거치면서 즉시 사용할 수 있는 정상 영역으로 바뀝니다.

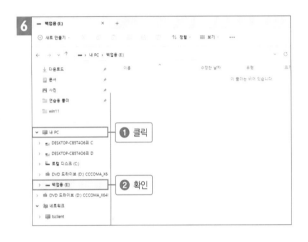

정말 새로운 하드 디스크 드라이브가 만들어졌을까요? 윈도우 탐색기에서 '내 PC' 부분을 클릭하면 방금 만든 새로운 하드 디스크 드라이브(여기에서는 E:)가 만들어진 것을 확인할 수 있습니다.

110 | 분할된 하드 디스크 드라이브 합치기

윈도우 11의 '디스크 관리' 앱에는 여러 개로 나누어 사용하던 하드 디스크 드라이브를 합쳐주는 기능도 포함되어 있습니다.
단, 하드 디스크 드라이브를 합칠 경우 없어지는 드라이브의 자료는 모두 삭제되기 때문에, 합치기 전에 중요한 자료들은 백
업해 두어야 합니다.

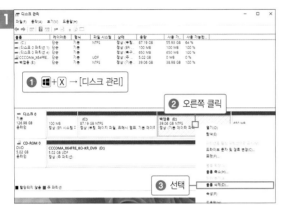

■■ ⊞+X 를 누른 다음 [디스크 관리]를 선택해서 '디스크 관리' 앱을 실행합니다. 합칠 하드 디스크 중 없앨
하드 디스크 영역을 마우스 오른쪽 버튼으로 클릭하여 [볼륨 삭제]를 선택합니다.

TIP 예를 들어, E: 드라이브를 C: 드라이브에 합치려면 E: 드라이브 부분을 마우스 오른쪽 버튼으로 클릭해서 [볼륨 삭제]를 선택합니다.

■■ 삭제할 볼륨에 있던 데이터가 모두 삭제된다는 메시지 창이 표시되면, 다시 한번 중요한 데이터가 없는
지 확인하고 [예]를 클릭합니다.

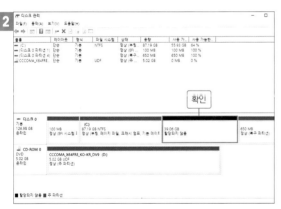

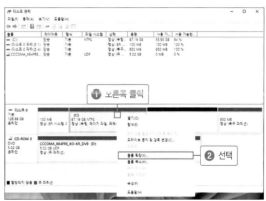

■■ 선택했던 영역이 '할당되지 않음' 영역으로 바뀝니다. 이제 해당 디스크는 디스크로서 역할을 할 수 없는
상태입니다.

■■ 이번에는 정상적인 디스크, 즉 합칠 디스크 영역을 마우스 오른쪽 버튼으로 클릭하고 [볼륨 확장]을 선택
합니다.

TIP 예를 들어, E: 드라이브를 C: 드라이브에 합치려면 이번에는 C: 드라이브 부분을 마우스 오른쪽 버튼으로 클릭해서 [볼륨 확장]를 선
택합니다.

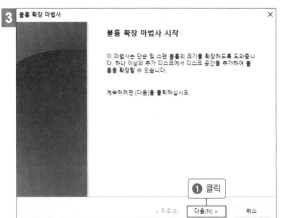

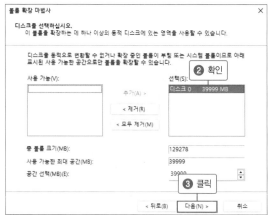

■■ '볼륨 확장 마법사' 대화상자가 표시되면 [다음]을 클릭합니다.

■■ '선택' 항목에 표시된 디스크는 '볼륨 삭제'로 삭제된 디스크입니다. 이 영역을 모두 삭제하려면 [다음]을 클릭합니다.

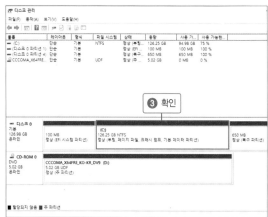

■■ 선택한 영역이 삭제된 것을 확인했으면 [마침]을 클릭합니다.

■■ '디스크 관리' 창으로 되돌아오면 두 개로 분할되었던 하드 디스크가 하나로 합쳐진 것을 확인할 수 있습니다.

111 | 갑자기 멈춘 앱 종료하기 및 시작 앱 중지하기

윈도우 11에서 앱을 사용하다 보면 갑자기 '응답 없음'이라는 표시와 함께 앱에서 어떤 명령도 사용할 수 없고 앱을 종료할 수도 없을 때가 있습니다. 이런 경우 강제로 앱을 종료하는 방법을 알아봅니다. 그리고 윈도우를 부팅했을 때 자동으로 '시작 앱'이 실행되는데, 불필요한 시작 앱을 중지해서 부팅 시간과 CPU나 메모리 소비를 줄이는 방법도 알아보겠습니다.

이론 **작업 관리자 살펴보기**

Ctrl + Shift + Esc 를 눌러 작업 관리자 앱을 실행합니다. 작업 관리자에서는 현재 윈도우에서 실행 중인 앱과 서비스들을 여러 범주로 나누어 보여줍니다. 기본적으로 '프로세스' 범주의 내용이 보입니다.

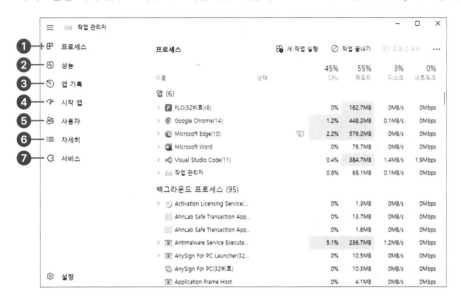

> **TIP** ⊞ + X 를 누른 다음 [작업 관리자]를 선택해도 됩니다.

❶ **프로세스**: 현재 실행 중인 앱과 프로세스가 표시됩니다. 앱이나 프로세스가 CPU와 메모리, 하드 디스크에서 차지하는 양, 사용하는 네트워크 등이 %로 표시됩니다.

❷ **성능**: 현재 시스템의 CPU와 메모리, 하드 디스크 같은 시스템 자원을 얼마나 사용하는지 그래프로 확인할 수 있습니다. 시스템이 눈에 띄게 느려지면 '성능' 탭에서 CPU의 사용량과 메모리 사용량을 체크해 보는 것이 좋습니다.

❸ **앱 기록**: 사용자 계정을 등록한 이후 특정 기간 동안 앱을 사용한 현황을 볼 수 있습니다.

❹ **시작 앱**: 윈도우를 시작할 때 자동으로 함께 시작하는 앱들을 볼 수 있고, 불필요한 앱을 종료할 수 있습니다. 267쪽을 참고하세요.

❺ **사용자**: 현재 사용 중인 사용자 계정이 표시됩니다.

❻ **자세히**: 현재 실행 중인 모든 프로세스와 사용 중인 자원 현황을 한눈에 볼 수 있습니다.

❼ **서비스**: 윈도우에서 사용할 수 있는 서비스들을 살펴보고 필요에 따라 중지하거나 다시 시작할 수 있습니다.

265

실행이 멈춘 앱 강제 종료하기

윈도우에서 앱을 사용하다가 갑자기 앱이 멈출 경우 종료할 방법이 없어서 컴퓨터 자체를 강제 종료하기도 합니다. 이럴 때는 작업 관리자를 통해서 문제가 생긴 앱만 종료할 수 있습니다.

작업 관리자에서 [프로세스] 범주를 선택하면 현재 실행 중인 앱과 프로세스가 보입니다. 여기에서 '백그라운드 프로세스' 부분은 손을 대지 않는 것이 좋습니다. 대부분의 파일이 윈도우와 앱을 실행하기 위해 꼭 필요한 파일이고 윈도우에서 자동으로 실행하거나 종료하기 때문입니다.

앱에 문제가 생겨서 멈췄을 때는 '앱' 부분에서 갑자기 멈춘 앱 이름 옆에 '응답 없음'이라고 표시됩니다. 응답이 없는 앱을 종료하려면 해당 앱을 선택한 상태에서 ⊘ 작업 끝내기 를 클릭합니다.

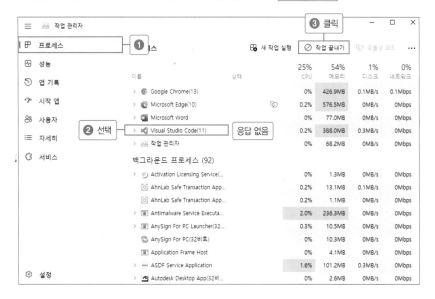

TIP 종료할 앱을 마우스 오른쪽 버튼으로 클릭하고 [작업 끝내기]를 선택해도 됩니다.

선택했던 앱이 목록에서 사라지면서 종료된 것을 볼 수 있습니다.

윈도우를 사용하면서 다양한 앱을 설치하다 보면 사용자가 원하지 않은 앱도 시작프로그램에 추가되어 부팅 시간이 오래 걸릴 수 있습니다. 예를 들어, 금융 사이트나 공공기관에서 사용했던 인증서나 보안 앱은 한 번 사용한 다음에도 윈도우를 켤 때마다 계속해서 실행되는 경우가 많습니다. 그냥 두어도 상관없지만, 이 앱이 거슬린다면 시작 앱에서 중지할 수 있습니다.

TIP 인증서나 보안 프로그램을 중지하면 다음에 이런 앱이 필요할 경우 다시 다운로드해서 설치해야 할 경우도 있습니다. 이것이 번거롭다면 시작 프로그램에서 중지하지 마세요.

작업 관리자에서 [시작 앱] 범주를 클릭하면 윈도우가 부팅될 때 사용되는 다양한 앱이 표시됩니다. '상태' 열은 현재 시작프로그램이 사용 중인지 아닌지를 표시하고, '시작 시 영향' 열은 윈도우 시작에 얼마나 영향을 미치는지 알려줍니다. 종료할 앱을 선택한 다음 ⊘ 사용 안 함 을 클릭합니다.

사용이 중지된 시작 앱은 '상태' 열에 '사용 안 함'이라고 표시됩니다.

TIP 중지했던 시작 앱을 다시 사용하려면 앱을 선택한 다음 목록 위의 ✓ 사용 을 클릭합니다.

16장

문제 해결 및 백업과 복구

윈도우 11을 사용하며 중요한 자료나 시스템 파일을 백업해 두면 사용하다가 문제가 생겼을 때 원래 상태로 복구할 수 있습니다. 또한 윈도우 11에서는 발생할 수 있는 문제에 대한 여러 도움말이 제공됩니다. 도움말로 해결할 수 없는 문제는 '문제 해결 도구'를 이용해 해결할 수도 있죠. 이번 장에서는 윈도우 11의 오류를 해결하는 여러 가지 방법에 대해 살펴보겠습니다.

윈도우 11에서는 문제가 발생했을 때 스스로 찾아볼 수 있는 '문제 해결' 기능과 '도움말' 기능을 제공합니다. 장치가 연결되지 않는다거나 심각하지 않은 문제라면 직접 문제 해결에 도전해 보세요.

실습 문제 해결사 사용하기

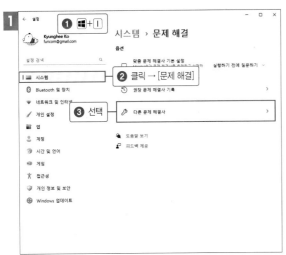

■■ ⊞+Ⅰ를 눌러 설정 앱을 실행한 다음 [시스템]-[문제 해결]-[다른 문제 해결사]를 차례로 선택합니다.

■■■ 각 주제별로 문제 해결사가 연결되어 있습니다. 예를 들어, 컴퓨터에서 소리를 재생할 수 없다면 '오디오 재생' 오른쪽에 있는 [실행]을 클릭합니다.

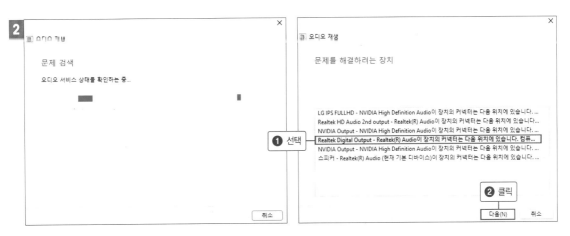

윈도우에서 '오디오 녹음'과 관련된 여러 설정을 검색한 다음, 오디오와 관련된 여러 장치를 표시합니다. 문제가 발생한 장치를 선택하고 [다음]을 클릭합니다.

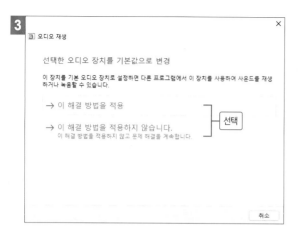

선택한 문제에 따라 해결 방법을 단계별로 알려주기 때문에 화면에서 지시하는 대로 따라 진행하면 문제를 해결할 수 있습니다.

이론 **윈도우 도움말 찾아보기**

윈도우 11의 도움말 앱은 사용자가 알고 싶어하는 검색어와 관련된 내용을 빠르게 찾아서 보여줍니다. 또한 다른 사용자가 질문하고 답변한 내용을 찾아볼 수도 있어서 편리하죠.

⊞+S를 누른 다음 '도움말'을 검색하면 쉽게 도움말 앱을 실행할 수 있습니다.

도움말 화면에 찾고 싶은 정보를 입력합니다. 간단히 단어만 적어도 되고 문장 형태로 입력해도 됩니다. 검색어를 입력하고 Enter 를 누릅니다.

TIP 입력하는 내용에 따라 비슷한 질문 내용들이 자동 완성되어 나열되기 때문에 그중 비슷한 내용을 선택해서 볼 수 있습니다.

입력한 내용과 비슷한 도움말들이 나열됩니다. 도움말 중에는 사용자가 따라할 수 있는 단계별 안내도 있고, '추천 문서'에는 윈도우의 관련 도움말도 연결해 줍니다.

| 입력한 내용과 비슷한 도움말이 나열된 화면

이론

마이크로소프트 커뮤니티에 질문하기

마이크로소프트에서는 제품별로 온라인 커뮤니티를 운영하고 있기 때문에 이 곳을 통해 제품과 관련된 질문을 할 수 있고, 다른 사람의 질문을 통해 비슷한 문제를 찾아서 해결할 수도 있습니다.

웹 브라우저의 주소창에 https://answers.microsoft.com/ko-kr를 입력하면 '마이크로소프트 커뮤니티' 사이트로 이동합니다. 마이크로소프트의 여러 제품들 중에서 'Windows'을 선택합니다.

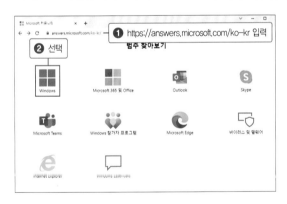

윈도우 버전과 주제를 선택하면, 해당 주제에 대한 다른 사람들의 질문과 답변을 볼 수 있습니다.

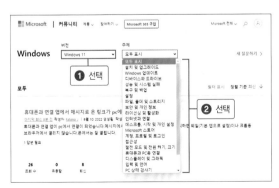

만일 직접 질문을 입력하고 싶다면 화면 맨 위에 있는 [새 질문하기]를 클릭합니다.

TIP '새 질문하기' 버튼이나 링크는 커뮤니티 사이트 안의 여러 곳에 있습니다.

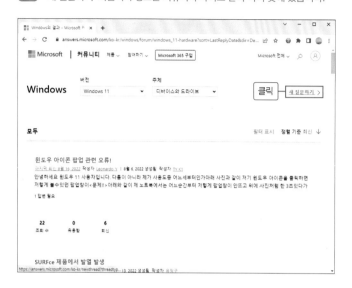

마이크로소프트 계정으로 로그인한 다음, 질문 내용을 정리해서 입력합니다. 캡처해 둔 사진이 있을 경우 첨부할 수도 있습니다. 질문 내용을 입력하였으면 '제품' 항목에서 [Windows]를 선택하고 버전, 주제 등을 정확히 기입한 다음 [제출]을 클릭하면 됩니다.

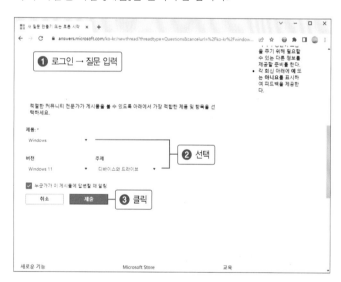

113 | 원드라이브에 윈도우 백업하기

마이크로소프트 계정을 사용하고 있다면 누구나 무료로 5GB의 원드라이브 공간을 사용할 수 있습니다. 원드라이브를 사용하면 현재 사용하는 윈도우의 바탕 화면과 사진, 문서의 내용을 원드라이브에 동기화할 수 있고, 새 컴퓨터를 구매했을 경우 원드라이브의 내용을 그대로 다운로드해서 적용할 수 있습니다.

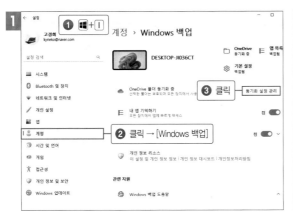

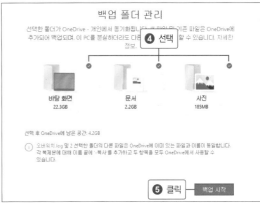

■■ ⊞+Ⅰ를 누른 다음 [계정]-[Windows 백업]을 선택합니다. 윈도우 11에서는 기본적으로 윈도우에 설치된 앱과 윈도우 설정을 원드라이브에 저장하도록 되어 있습니다. 여기에 추가해서 '바탕 화면'과 '문서', '사진' 폴더도 백업하려면 [동기화 설정 관리]를 클릭합니다.

■■ 원드라이브에 백업할 폴더를 선택한 다음 [백업 시작]을 클릭합니다.

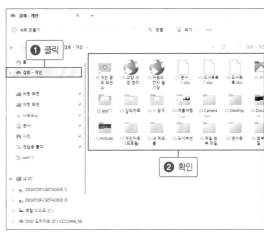

■■ 선택한 폴더들이 원드라이브에 동기화되기 시작합니다. 동기화하는 동안 시간이 걸리기 때문에 현재 화면을 닫아 놓고 다른 작업을 할 수 있습니다.

■■ 원드라이브에 백업된 정보들은 탐색기에서도 손쉽게 확인할 수 있습니다. 탐색기의 왼쪽 탐색 창 맨 위에 원드라이브 폴더가 표시되거든요. 위 그림에서 '경희-개인'이라고 되어 있는 것은 '경희'라는 이름을 가진 원드라이브 개인 계정이라는 뜻입니다. 원드라이브 폴더를 클릭하면 오른쪽에 원드라이브에 있는 폴더와 파일이 표시됩니다.

TIP 만일 원드라이브 백업을 중지하게 되면 중지하기 전까지 원드라이브로 동기화된 파일은 그대로 원드라이브에 유지되고, 이후의 변경 사항은 백업되지 않습니다.

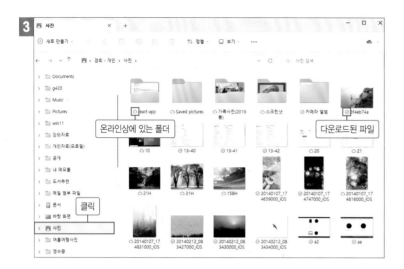

원드라이브에서 [사진] 폴더를 선택하면 내 컴퓨터의 '사진' 폴더에 있던 내용들이 모두 백업된 것을 볼 수 있습니다. 참고로, 파일이나 폴더 이름 앞에 ☁가 붙은 것은 현재 온라인상에 있는 파일이나 폴더라는 뜻이고, ◎이 붙은 것은 해당 파일이나 폴더가 다운로드 되어서 즉시 사용할 수 있다는 뜻입니다.

114 | 윈도우 시동 복구 기능 사용하기

윈도우에서 여러 장치를 추가/제거하거나 다양한 앱들을 설치해서 사용하다 보면 예상하지 못한 충돌로 인해 문제가 발생하는 경우가 있습니다. 이럴 때 가장 먼저 시도해 볼 수 있는 방법은 윈도우 시동 복구 기능입니다.

실습 | 설정에서 안전 모드로 재시작하기

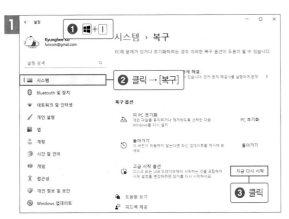

■■ ▮+Ⅰ를 눌러 설정 창을 연 다음 [시스템]–[복구]를 선택합니다. 복구 옵션 중 '고급 시작 옵션' 오른쪽에 있는 [지금 다시 시작]을 클릭합니다.

■■ 옵션 선택 화면에서 [문제 해결]을 선택합니다.

■■ '문제 해결' 창에서 [고급 옵션]을 선택합니다.

■■ '고급 옵션' 창에서 [시작 설정]을 클릭합니다.

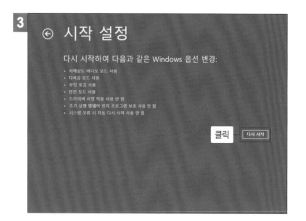

안전 모드에서 어떤 일들이 일어나는지 간단한 설명이 나열됩니다. [다시 시작]을 클릭합니다. 이후에 옵션 목록이 표시됐다가 자동으로 사라지면서 윈도우가 재시작됩니다. 안전 모드에서 다시 한번 윈도우를 정상적으로 껐다가 켜면 웬만한 문제점은 윈도우에서 해결합니다.

이론 로그인 화면에서 안전 모드로 재시작하기

윈도우에서 설정 앱을 열 수 없다면 로그인 화면에서 안전 모드로 재시작할 수 있습니다.

Shift를 누른 상태에서 로그인 화면의 ⏻ 버튼을 클릭하고 [다시 시작]을 선택합니다.

TIP 시스템이 다시 켜질 때까지 Shift를 누르고 있어야 합니다.

이후에는 275쪽 **1**의 오른쪽과 같은 화면이 표시되므로 앞의 내용을 참고하세요.

1 Shift+클릭

이론 강제로 안전 모드 시작하기

윈도우 로그인 화면도 표시되지 않는 상태라면 전원 버튼을 길게 눌러서 컴퓨터를 끈 다음 다시 컴퓨터를 켭니다. 이렇게 강제로 컴퓨터를 켜고 끄기를 3번 정도 진행하면 자동으로 복구 모드가 되면서 복구 옵션이 표시됩니다.

이후의 화면은 275쪽 **1**의 오른쪽과 같은 화면이 표시되므로 앞의 내용을 참고하세요.

115 | 복원 지점을 사용해 시스템 복원하기

시스템을 사용하다가 예전과 다르게 오류가 발생하거나 너무 느려진다면 시스템이 정상적으로 동작하던 복원 지점으로 복구할 수 있습니다.

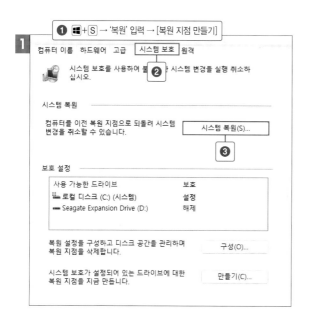

❶ ⊞+S → '복원' 입력 → [복원 지점 만들기]

⊞+S를 누른 다음 '복원'으로 검색해서 [복원 지점 만들기]를 선택합니다. '시스템 속성' 대화상자가 표시되면 [시스템 보호] 탭의 [시스템 복원]을 클릭합니다.

윈도우에서는 가장 최근의 복원 지점으로 복구할 것을 권장합니다. 복원 지점으로 복구하기 전에 '영향을 받는 프로그램 검색' 링크를 클릭해서 어떤 파일이 복구되는지 확인합니다.

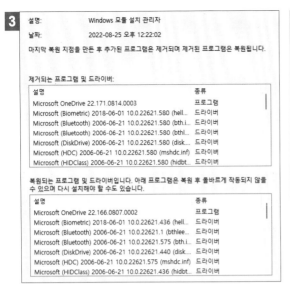
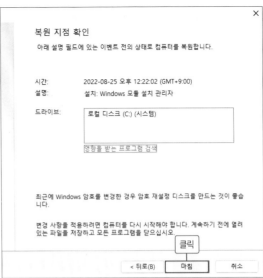

| 영향을 받는 프로그램 확인

■■ 제 시스템의 경우에는 최신 드라이버들이 그 이전 드라이버로 복구되는군요. 시스템 상황에 따라 복구되는 내용은 달라질 수 있습니다.

■■ 시스템 파일이 이전 내용으로 복구되기를 원한다면, 열려 있는 앱을 안전하게 종료한 다음 '시스템 복원' 창의 [마침]을 클릭합니다. 시스템 복원에는 시간이 많이 걸리므로 여유 있게 기다리세요. 시스템 복원이 끝난 다음 로그인하면 복원 지점의 시스템 상태로 돌아가 있습니다.

특정 날짜로 복원하려면

시스템에 저장된 복원 지점은 여러 개입니다. 특히 시스템에 새로운 앱을 설치했거나 새로운 장치를 연결해서 드라이버 파일이 사용된 경우에는 그 때마다 복원 지점이 만들어집니다. 특별하게 복구해서 되돌아갈 날짜가 있다면 '시스템 복원' 창에서 '권장 복원' 대신 [다른 복원 지점 선택]을 선택하고 [다음]을 클릭합니다. 복원 지점 목록에서 원하는 날짜를 선택하고 [다음]을 클릭하면 복구를 시작합니다.

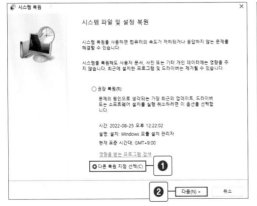
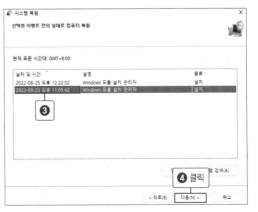

116 복구 드라이브를 사용해 윈도우 복원하기

시스템이 아예 켜지지 않는 상태라면 앞에서 설명한 복구 방법을 사용할 수 없습니다. 이럴 경우에는 설치 미디어를 사용해 복원하거나 미리 만들어 둔 복구 드라이브를 사용해서 복구할 수 있습니다. 복구 드라이브는 시스템이 잘 동작할 때 미리 만들어 두어야 합니다. 복구 드라이브에는 현재 시스템의 설정 상태가 저장되므로 최소 16GB 이상의 USB 드라이브가 필요합니다.

실습 복구 드라이브 만들기

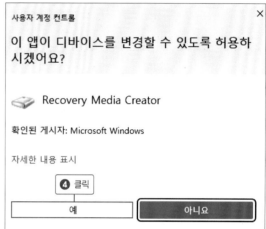

■■ ⊞+S를 누른 다음 '복구'라고 검색하고 [복구 드라이브]를 선택합니다.

■■ 'Recovery Media Creator' 앱을 실행하면 시스템이 변경되기 때문에 사용자 계정 컨트롤을 허용할 것인지 묻는 창이 표시됩니다. [예]를 클릭하세요.

■■ 복구 드라이브에 대한 설명이 표시되고, 기본적으로 [시스템 파일을 복구 드라이브에 백업합니다] 항목에 체크 표시되어 있습니다. [다음]을 클릭하세요.

279

■■ 복구 드라이브로 사용할 수 있는 장치들이 나열됩니다. 윈도우가 설치된 드라이브는 복구 드라이브로 선택할 수 없고 그 외의 하드 디스크나 USB 플래시 메모리를 복구 드라이브로 선택할 수 있습니다. 선택한 장치의 내용은 모두 삭제되므로 다시 한번 확인한 다음 드라이브를 선택하고 [다음]을 클릭합니다.

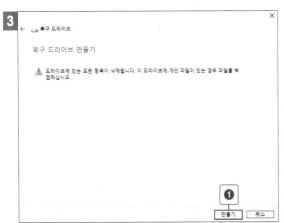
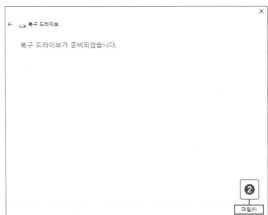

복구 드라이브를 만들 장치에 있던 파일들이 삭제된다는 안내문이 다시 한번 표시됩니다. 확인했다면 [만들기]를 클릭합니다. 복구 드라이브를 만드는 데는 꽤 많은 시간이 걸리기 때문에, 그 동안 다른 작업을 할 수 있습니다. 복구 드라이브가 다 만들어졌다면 [마침]을 눌러 만들기를 끝냅니다.

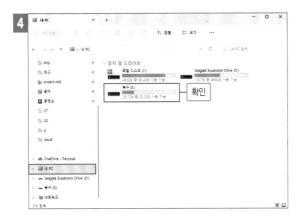

복구 드라이브가 만들어지면 드라이브 이름에 '복구'라고 표시됩니다. 복구 드라이버 장치에는 다른 파일을 저장하지 말고 안전한 곳에 보관해 두었다가 시스템 복구가 필요할 경우 사용합니다.

복구 드라이브를 사용해 복구하기

복구 드라이브는 윈도우로 부팅할 수 없을 때 유용합니다. 단, 복구 드라이브를 사용해서 부팅하려면 시스템의 CMOS 셋업 설정에서 USB로 부팅할 수 있게 바꾼 다음 부팅합니다.

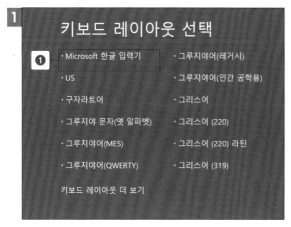

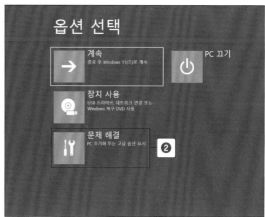

■■ 복구 드라이브를 이용해 부팅했을 때 '키보드 레이아웃 선택' 화면이 표시되면 [Microsoft 한글 입력기]를 선택합니다.

■■ '옵션 선택' 화면에서 [문제 해결]을 클릭합니다.

고급 옵션 창이 표시되면 [시동 복구]를 선택합니다. 복구 드라이브를 사용해 복구하기 때문에 시간이 많이 걸립니다.

117 | PC 초기화하기

앞에서 설명한 방법으로도 해결할 수 없다면 마지막으로 PC를 초기화할 수 있습니다. PC 초기화는 시스템에 윈도우 11을 다시 설치하는 것입니다. 사용자 파일을 제외하면 다 삭제되기 때문에 C: 드라이브에 자료를 저장해 두었다면 반드시 백업해 두세요. 기존에 사용하던 사용자 파일은 그대로 유지할 수도 있고, 사용자 파일까지 완전히 제거할 수도 있습니다.

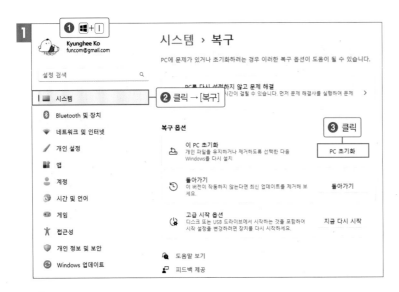

■+Ⅰ를 눌러 설정 앱을 실행합니다. [시스템]-[복구]를 선택한 다음 복구 옵션 중에서 [PC 초기화]를 클릭합니다.

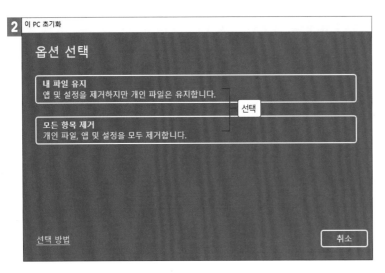

사용자 설정을 남길 것인지 제거할 것인지 선택합니다. 사용자 설정이란 윈도우에서 설정했던 바탕 화면 배경이나 계정에 연결된 '문서', '사진' 등의 폴더를 가리킵니다.

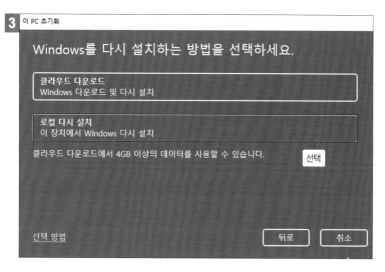

클라우드에서 윈도우를 다운로드해서 설치할 것인지, 현재 시스템에서 다시 설치할 것인지 선택합니다. [로컬 다시 설치]를 선택하면 다운로드 없이 즉시 설치됩니다.

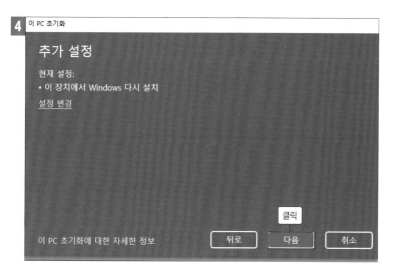

앞에서 지정한 설정 내용을 보여줍니다. 앞에서 선택한 항목에 따라 여기에는 다른 내용이 나타날 수 있습니다. [다음]을 클릭합니다.

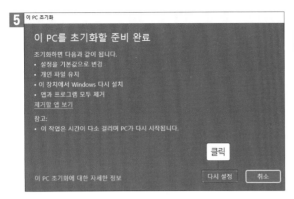

■■ 이 PC를 초기화했을 때 어떤 것들이 바뀌는지 알려줍니다. 초기화를 진행하겠다면 [다시 설정]을 클릭합니다.

TIP '제거할 앱 보기' 링크를 클릭하면 '마이크로소프트 스토어'에서 다운로드할 수 없는 앱들을 따로 알려줍니다. 이 앱들은 사용자가 직접 설치한 앱들이죠.

■■ 필요한 파일을 준비한 다음 윈도우가 다시 시작되면서 초기화 중이라는 문구가 표시됩니다. 초기화와 윈도우 설치가 끝나면 윈도우 로그인 화면이 표시됩니다.

| PC 초기화한 화면

| 자동 백업된 원드라이브의 내용

■■ 윈도우에 로그인한 다음에도 여러 가지 설정이 만들어지기 때문에 잠시 기다려야 윈도우 설치가 끝납니다. PC를 초기화한 다음에는 윈도우 기본 앱 외에 직접 설치했던 앱이 모두 없어집니다. 필요한 앱은 이제부터 하나씩 설치해야 합니다.

■■ 원드라이브에 백업해 두었던 바탕 화면이나 '문서', '사진' 폴더의 내용은 자동으로 백업됩니다.